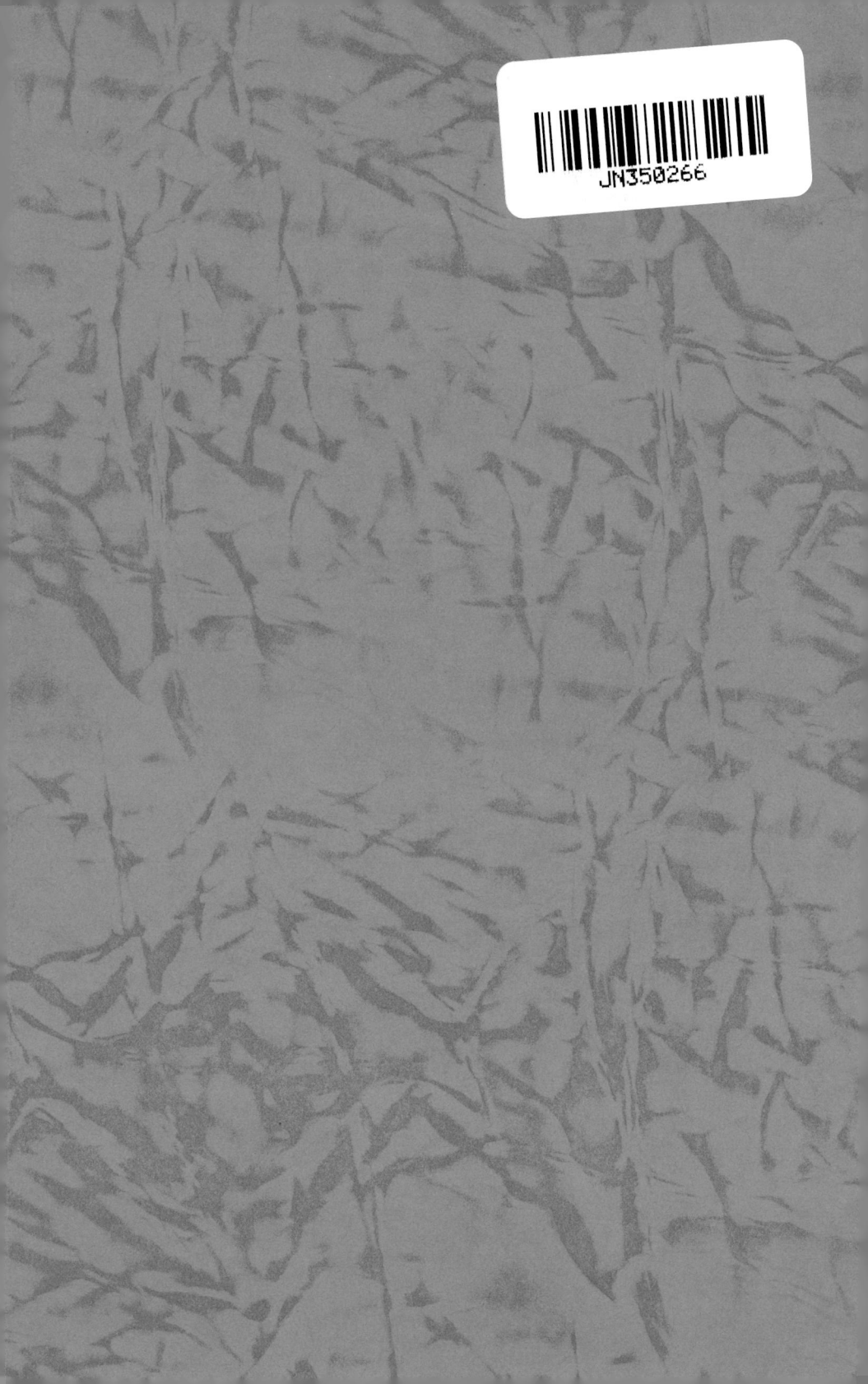

죽·어·서·가·는·곳
사후의 세계

안동민 편저

서음미디어

머리말

'사후의 세계'라는 말은 즐겁고 유쾌하며, 4차원의 세계인 '천국'이나 '파라다이스'의 세계를 우리 모두가 꿈꾼다.

우리는 가끔 주위의 사람들로부터 또는 메스컴을 통해 죽었다가 살아난 사람들의 이야기를 듣곤 한다. 그런 사람들의 공통점은 자신이 사후의 세계를 보았다는 것이다. 그렇다면 정말로 사후의 세계가 존재하는 것일까?

사후의 세계를 경험한 사람들의 이야기를 들어보면, 너무나도 사후의 세계에 대하여 생생하게 전하기 때문에 의심조차 들지 않는다. 따라서 영혼은 존재하며 사후의 세계가 있다고 믿어지는 것은 당연한 것이다. 그러나 육체 속에 깃들어 있던 영혼은 육체의 기능이 다해 죽음이 오는 순간 육체와 연결되어 있던 유체의 끈은 끊어지게 되고 그 순간 육체에서 이탈하게 된다.

이승이란 우리들이 현재 살고 있는 세계를 말한다. 이승에는 시간이라는 것이 있어서 과거에서 현재로, 또 미래로 일방적으로 흘러간다. 누구나 항상 현재에만 존재할 뿐 과거로 돌아갈 수는 없는 것이며, 더우기 미래로는 쉽게 나아갈 수도 없는게 바로 이승인 것이다.

 한편 저승은 시간이 존재하지 않는 세계이다. 이승에서의 사람들은 서로 뜻이 맞지 않아도 부모 자식이 될 수 있으며, 또한 부부가 될 수도 있지만, 저승은 서로 뜻이 맞지 않는 사람들끼리 모여 살아갈 수 있다는게 이승과 다른 점이다.

 다시 말해서 3천년 전에 죽은 사람도, 어제 죽은 사람도, 또 아직 태어나 본 일이 없는 사람들도 뜻만 같으면 서로 만날 수 있는게 바로 저승인 것이다.

 당신은 사람이 죽으면 저승인 사후세계에 간다고 생각합니까? 라는 질문지를 던져 놓고 여론조사를 한바 있는데 그 조사에 의하면 사후세계의 존재를 믿는다고 응답한 사람이 22.7%를 차지하였고, 죽을 때에는 어떤 예감으로 그것을 느낀다고 대답한 사람이 43%나 되었다. 그렇다면 사후의 세계란 과연 어떤 곳일까? 또한 사람의 영혼은 죽은 뒤 어떻게 되는 것일까?

 세계 각지에는 한 번 혹은 두 번, 세 번이나 죽었다가 살아나고, 자기가 보았던 사후의 세계를 전하는 사람들이 많이 있다. 또한 죽은 뒤 다른 사람의 육체를 빌어 재생한 사람들도 많이 있다.

사후의 세계를 보았다는 사람들의 증언에 따르면, 그리스도라고 여겨지는 신의 존재가 있었다는 보고가 있는가 하면, 천사가 매우 중요한 역할을 하고 있더라고 말하는 사람도 있다.

그밖에도 사후의 세계에서 이미 죽은 가족을 만나고 왔다는 사람도 있었다. 따라서 천국이란 변화무쌍한 여러가지 존재로 구성되어 있는지도 모른다.

이 책에서는 사후의 세계에 발을 들여 놓으려 했거나 일시적으로 죽었던 사람이 어떤 변화를 체험했는지 형태별로 살펴보기로 한다. 과연 죽은 뒤에도 인간적으로 성장하거나 향상할 수 있는 것일까?

아무튼 복잡한 현대사회에서 사는 사람들의 온갖 긴장이나 불안을 해결하는 수단으로서는 우리들의 과학 기술이 결코 그 해답을 줄 수가 없는 것이다.

그것은 과학적인 면에서 자칫 경시되어 온 영혼의 세계, 사후세계의 이해를 깊이 하는 것이야말로 우리들이 보다 강하게, 보다 행복하게 살기 위해 지금 구해지고 있는 것이 아닐까?

이 세상은 눈에 보이는 세계만이 존재하는 게 아니고, 눈에 보이지 않는 세계와 공존하고 있으며, 오히려 눈에 보이지 않는 세계가 더 크며, 우주의 본질세계라는 것도 강조하고 싶다.

이 책은 세계적인 심령연구가인 일본의 나까오까 도시야, 미국의 해롤드 셔어먼, 한스 홀쩌가 집필한 '사후세계'에 관한 저서들을 참고하여 편저한 책으로서 영원한 미스테리인 '사후의 세계'에 관한 의문들을 풀어줄 것입니다.

편저자

사후의 세계 / 차례

머리말 / 3

제1부 지옥그림 이야기 ─────── 11
　　지옥그림 이야기 / 13
　　탈의파(脫衣婆) / 15
　　지옥의 사자 / 17
　　죄의 저울 / 19
　　정파리의 거울 / 21

제2부 나는 사후세계를 보았다 ─────── 23
　　자기 장례식을 본 망인(亡人) / 24
　　네번 살아나 행운을 잡다 / 28
　　사후의 세계에서 어머니가 부른다 / 33
　　사후의 세계는 구름 위에 / 36
　　사후의 세계는 불바다였다 / 40
　　할머니, 다시 한번 살아나요! / 45
　　사후의 세계에서 만난 아버지 / 53
　　필사적인 연인의 말 / 59
　　죽음을 막아 준 친구 / 68

사후의 세계에 아름다운 성이 / 71

해골무리로부터 재생하다 / 75

정사로부터 살아난 후 다시 자살하다 / 78

귀여워하던 고양이에 구원되다 / 84

제 3 부 8개의 지옥 ——————————— 89

등활지옥(等活地獄) / 91

흑승지옥(黑繩地獄) / 93

중합지옥(衆合地獄) / 95

규환지옥(叫喚地獄) / 97

대규환지옥(大叫喚地獄) / 99

초열지옥(焦熱地獄) / 101

대초열지옥(大焦熱地獄) / 103

아비지옥(阿鼻地獄) / 104

제 4 부 나의 전생은 누구인가? ——————————— 105

나는 로브가 아닌 도빌이다 / 106

전생이 디자이너였던 어느 선원 / 115

시체에 빙의한 원혼령 / 117

집념으로 다시 살아난 여실업가 / 123

자기를 죽인 범인을 잡은 혼백 / 132

제5부 사후의 변하는 모습 ——————— 141
제1 신사상(新死想) / 142
제2 방창상(肪脹想) / 145
제3 혈도상(血塗想) / 147
제4 봉란상(蓬亂想) / 149
제5 감식상(瞰食想) / 151
제6 청어상(靑淤想) / 153
제7 백골연상(白骨連想) / 155
제8 골산상(骨散想) / 157
제9 고분상(古墳想) / 158

제6부 사후 영혼은 존재하는가? ——————— 159
사후의 영혼에 대하여 / 160
자살과 살인 / 161

제7부 사후세계의 모습 ——————— 189
생(生)과 사(死) / 190
초목에도 영이 있다 / 193

갖가지의 사후세계 / 196
이중인격을 만들다 / 205
빛과 생명체 / 215

제8부 저승의 법칙 ——————————————— 219
저승의 구조 / 220
저승에서의 생활 / 231
저승행 열차시간표 / 241

제9부 유체이탈과 생명의 구조 ——————————— 247
유체이탈의 불가사의 / 248
그가 저승에서 돌아왔다 / 253
불가사의한 생명의 구조 / 256
또 다시 유령을 만나다 / 262
내가 유체(幽體)가 되었을 때 / 269

PHOTO.REPORT

제 *1* 부
지옥그림 이야기

지옥그림 이야기

인간은 죽게 되면 곧바로 지옥이나 극락에 직행할 수 있는 것은 아닌듯 싶다.

불교에서는 육체를 떠난 망인(亡人)의 혼백은 삼도천을 거닐고, 염라대왕을 비롯한 10명의 왕으로부터 각각 재판을 받고서 지옥, 아귀, 축생, 수라, 인계, 천계, 육도의 어느 세계인가로 가야 하는 것이다.

이 심문날이 초이레, 두이렛날, 삼칠일, 사칠일, 오칠일, 육칠일, 사십구일, 백일, 1주기, 3주기에 해당된다.

지옥이 있는 지하세계는 필연적으로 암흑의 관념과 연결되어 있으며, 암흑은 광명의 반대개념이기 때문에 지하의 암흑은 고계(苦界)의 연상을 낳고, 광명세계인 천상의 낙토(樂土)와 대비되어 지하는 악인이 가는 곳이다

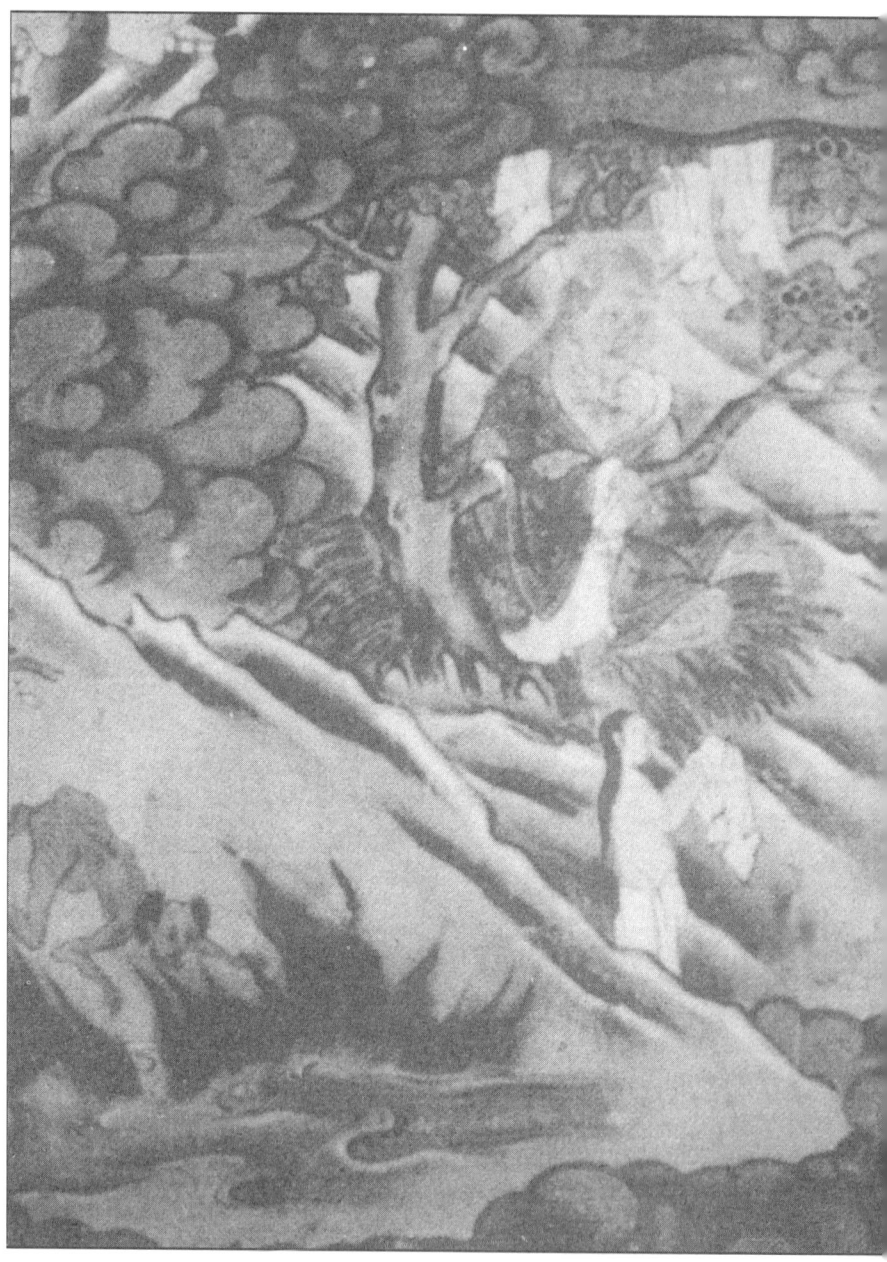

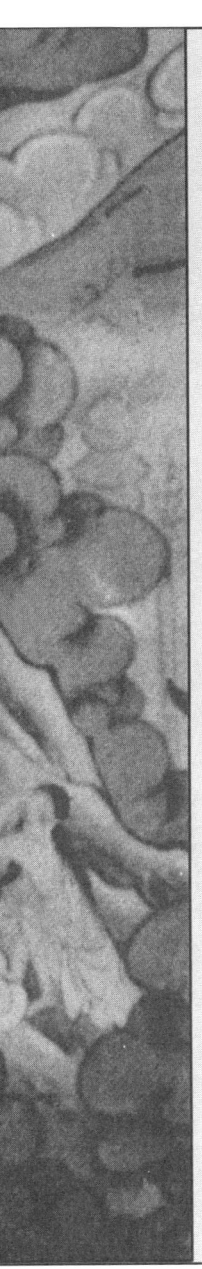

탈의파(脫衣婆)

삼도(三途) 냇가에 있는 의령수(衣領樹) 밑에 앉아서 강을 건너오는 사자(死者)들의 옷을 벗기고 현의옹(顯衣翁)과 함께 그들의 생전의 죄의 경중을 묻는다는 노귀녀(老鬼女)를 이르는 말이다.

온통 주위는 캄캄하고 심한 바람이 불고 있다. 험준한 산을 넘는 것이다.

초이레부터 두이렛날이 될 무렵, 삼도천을 건너는 아귀에 '탈의파'가 기다리고 있다가 '옷을 모두 벗어라' 하면서 입고 있던 수의를 모두 벗긴다.

'탈의파'는 곧 옷을 벗겨 가는 '토파'란 뜻이다. 벗겨진 옷은 의령수(衣領樹)의 나뭇가지에 걸어 놓는데 그 가지의 높낮이에 따라 죄의 경중이 정해진다.

 망인(亡人)은 눈물을 흘리면서 초강왕청(初江王廳)에 다다르지만 그 때가 두이렛 날이다. 이곳엔 석가여래님이 계신다.

16

지옥의 사자

지옥의 사자는 일명 저승사자로서 살아가는 인간을 잡아가는 역할도 하지만, 예컨대 지옥에서 일하는 구실아치들이다.

망인(亡人)은 이런 사자들의 욕설과 채찍을 맞아가면서 구름이 감도는 아득한 산길을 아픈 발을 질질 끌며 넘어가는데 이것이 바로 '저승의 산길'인 것이다. 가까스로 산을 넘은 때가 삼칠일 '셋이렛날'이다. 이 날 종제왕청(宗帝王廳)이 든다. 그곳엔 문수보살님이 계신다.

이곳에서 지옥의 사자들이 장부를 꺼내놓고 보면서 '너는 살아서 무슨 짓을 했는가?' 하고 조사를 한다. 그럭저럭 하는 사이에 사칠일(네이렛날)이 된다.

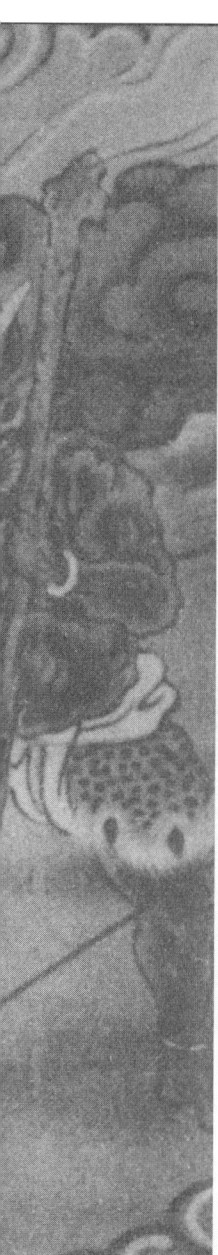

죄의 저울

이곳은 오관왕청(五官王廳)으로서 보현보살님이 계신 곳이다. 만인의 죄업(罪業)을 저울에 달아 그 경중을 기록한다. 그것은 바위로 된 저울인데 죄가 많은 망인(亡人)은 그 바위보다도 무겁다.

또한 업경대(業鏡臺)라는 용어가 있는데 이는 불교에서 지옥에 있는 염라대왕이 중생의 죄를 비추어 보는 거울을 말한다.

사람이 죽어 지옥에 이르면 염라대왕은 업경대 앞에 죄인을 세우고 생전에 지은 죄를 모두 털어놓도록 한다. 업경대에는 그가 생전에 지은 선악의 행적이 그대로 나타나며, 염라대왕은 그 죄목을 일일이 두루마리에 적는다. 죄인의 공술이 끝났을 때 더 이상 업경대에 죄가 비추어지지 않으면 심문이 끝난다. 심문이 끝나면 두루마리를 저울에 달아 죄의 경중을 판가름하고 그에 따라 가야 할 지옥이 정해진다.

20

정파리의 거울

오칠일 즉, '다섯이렛날'이 된다. 이 날은 사람들이 이름만 들어도 벌벌 떠는 염라대왕의 심판의 날이다. 염라대왕은 곧 지장보살이기도 하다.

대왕의 명령으로 사자들이 망인의 머리채를 움켜잡고 얼굴을 정파리(깨끗한 유리란 뜻)의 거울에 비친다. 이런 조사를 하는 사이에 오칠일이 되고, 망인이 지옥으로 갈 것인가, 극락으로 갈 것인가가 결정되는 것이다.

이윽고 49일(칠칠일)이 된다. 망인은 태산왕청(泰山王廳)에 도착을 한다. 이곳은 약사여래님이 계신 곳이다. 백일은 평등왕청(平等王廳)이다. 이곳엔 관세음보살님이 계신 곳이다.

1주기는 도시왕청(都市王廳)으로서 세지보살(勢至菩薩)님이 계시는 곳이다. 3주기로서 저승의 나그네 길이 끝난다. 3주기는 5도 전륜왕청(轉輪王廳)으로서 아미타여래님이 계신 곳이다.

"한번 사바세계를 보고 싶습니다. 가족들이 어떻게 지내고 있는지 궁금합니다."

그러면 이곳의 사자가 혼숙수(魂宿樹)를 통하여 망인에게 사바세계의 광경을 보여준다. 사바를 본 망인은 각각 무문지옥(無間地獄), 초열지옥(焦熱地獄)과 같은 8대 지옥에 떨어지고 극히 일부만이 극락으로 가는 것이다.

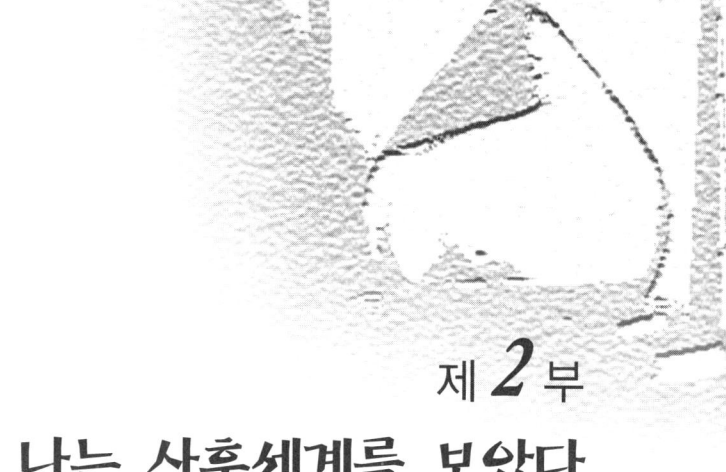

제 *2* 부
나는 사후세계를 보았다

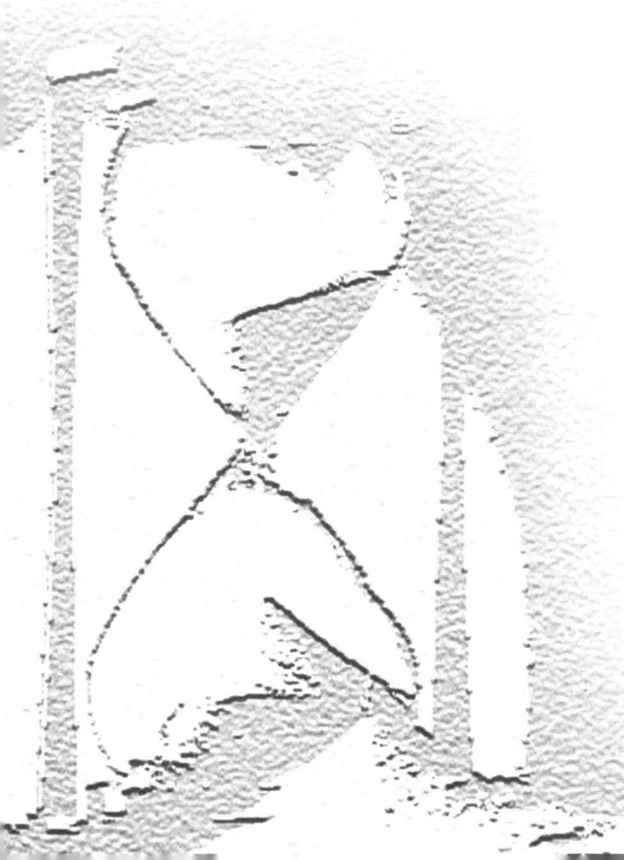

자기 장례식을 본 망인(亡人)

한국인 청년 강 손(25세)은 화물 트럭의 짐 위에 타고 있었다. 그런데 운전기사가 핸들을 난폭하게 꺾는 바람에 순간 도로 위로 떨어지고 말았다.

다행히 근처에 병원이 있어 곧 옮겨졌지만, 그로부터 이틀 밤낮동안 의식 불명의 상태가 계속되었고, 며칠 후 치료의 보람도 없이 죽고 말았다.

부모는 외아들을 잃고 통곡을 했으며, 유해를 집으로 옮겨 성대한 장례식을 치렀다. 그런데 바야흐로 무덤에 매장하려는 순간 청년이 다시 살아나 주위 사람들을 깜짝 놀라게 했다. 그러나 살아난 청년의 이야기를 들은 사람들은 또 다시 놀랬다. 그는 자기의 죽음에서부터 밤샘을 하는 장면과 장례식까지 모두 보고 있었다고 한다.

청년이 의사로부터 죽음이 선고되었을 때 그의 몸에서 또 하나의 몸이 스르르 빠져 나왔다. 그 몸은 아주 가볍고 자유자재로 날 수 있었으며 움직일 수가 있었다.

빠져 나온 손은 어깨를 떨며 통곡하는 어머니의 뒤에 서서

말을 붙였지만 어머니에겐 그 목소리가 들리지 않았다.

이윽고 눈이 시뻘겋게 충혈된 부모와 조부모가 청년의 시체를 구급차에 싣고 병원에서 집으로 옮겨 왔다.

집에 도착하자 아버지는 곧 외출을 했고, 청년도 그 뒤를 따라 밖으로 나갔다. 아버지는 이웃과 친척들에게 아들이 사망했음을 알리고 장례 절차를 위해 장의사로 갔다.

"내 아들이 죽었소. 가장 훌륭한 장사를 치뤄주고 싶소."

장의사 사람들은 아버지에게 위로의 말을 하고 곧 훌륭한 관을 짜기 시작했다.

아버지를 따라 장의사에서 집으로 돌아왔더니 스님 한분이 와서 목탁을 두들기며 경문을 외우고 있었다.

소식을 듣고 친척이며 친구가 달려 왔고, 눈물을 흘려가며 향불을 피워 주는 모습이 청년에게는 잘 보였다. 친구들은 연신 생전의 그를 칭찬하고 있었는데, 그것은 죽은 그로서 낯이 간지러울 정도였다.

저녁때 관이 도착하고 가족들에 의해 베옷이 입혀지고 사지가 묶이는 등 염습이 진행되었고 곧이어 관에 넣어졌다.

장례식 날이 되었다. 스님과 동네 사람 등 백여명 가까이 모였으며 매우 성대하게 장례식이 시작되었다. 관이 상여에 옮겨지고 집을 떠날 때 산소까지 따라 갈 수 없는 어머니와 할머니는 관을 붙들고 슬피 울고 있었다.

상여가 장지에 도착하고 미리 파놓은 구덩이에 관이 내려질 때에도 청년은 근처를 서성거리면서 물끄러미 보고 있었다.

그런데 갑자기 유해에서 빠져나온 또 하나인 몸이 쌔게 잡아끌듯이 관속으로 들어갔다. 그리하여 그 순간 청년은 다시 살아났던 것이다.

그의 이야기를 들은 부모와 가족들은 깜짝 놀랐다. 모든 것이 아들이 보고 있었던 그대로였던 것이다. 더구나 가장 이상한 것은 그때까지 보이지 않았던 청년의 오른쪽 눈이 살아난 순간 보이게 되었다는 것이다. 이 이야기는 실화이다.

네번 살아나 행운을 잡다

1962년 11월 7일, 노르웨이 트론헤임에서 벌어진 사건이다.
"렐리나, 왜 어머니를 놔두고…"
렐리나의 관 앞에서 어머니는 몇번이고 울음을 터뜨렸다.
"좋은 따님이었는데…"
초상집에 모인 사람들은 렐리나의 추억담을 나누었고, 그 갑작스런 죽음을 안타깝게 여겼다.

렐리나는 그날 점심 때까지 원기있고 팔팔했었다. 오후 2시 부장의 지시로 외출한 렐리나는 갑자기 심장 발작을 일으켜 쓰러졌고, 그대로 죽어버려 누구도 그 임종을 지켜보지 못했다.

모였던 사람들이 하나 둘 돌아가기 시작했을 때, 갑자기 관 속에서 비명과 함께 관을 두드리는 소리가 들렸다. 사람들은 숨을 죽이고 관을 응시했다.

"레, 렐리나!"
어머니는 새파랗게 질려서 관으로 달려가 관 뚜껑을 열었다. 그랬더니 죽었던 렐리나가 창백한 얼굴을 빳빳하게 굳혀

가며 사람들을 놀라게 했다.
 "어머니, 물 좀 줘요."
 렐리나는 관에서 나오더니 한컵의 물을 맛있게 들이키더니,
 "여러분 소란을 떨어서 죄송합니다."
하고 어안이 벙벙한 사람들에게 인사를 한 후, 보고 온 저 세상의 광경을 말하는 것이었다.
 "문득 깨닫고 보니 저는 아름다운 호수에서 보우트를 타고 있었어요. 그러자 한 마리의 아주 예쁜 고기가 수면 위에 모습을 나타내고는 나를 부르는 거예요. 이야기를 나누고 보니 그 고기는 글쎄 10년 전에 돌아가신 할머니였어요.
 할머니는 저에게 빨리 어머니한테 돌아가라고 하면서 배를 밀어주었습니다. 보우트는 화살처럼 호수를 가로 질러 기슭에 부딪쳤고, 나는 그 충격으로 풀밭에 나가 떨어졌지요. 그리고 정신을 차리고 보니 관속에 있는 거예요."
 렐리나의 이상한 소생은 얼마동안 신문지면을 떠들썩하게 만들었고, 회사 안에서도 화제거리가 되었다.
 그로부터 어느덧 8개월이 지났다.
 "예, 렐리나 가자!"
 1963년 7월 23일. 어머니는 회사에서 걸려 온 전화를 받는 순간 파랗게 질렸다. 모처럼 살아난 렐리나가 다시금 심장발작으로 죽고 말았다는 게 아닌가.
 어머니는 곧 병원으로 달려갔다. 그리하여 시체 안치실에서 차가워진 렐리나의 유해를 집으로 옮기고 지하실에 보관 중이던 관에 넣었다.

렐리나가 숨을 거둔지 17시간만에 이상하게도 렐리나는 다시 살아났던 것이다. 그리하여 5년 전에 죽은 아버지를 만나고 온 이야기를 했다.

"어머니, 아버지를 만났어요. 아주 원기있게 잘 계셨어요. 아버지와 꽃밭을 산책도 했지요. 본 적도 없는 예쁜 꽃이 가득 피어 있었지요. 아버지는 글쎄, 저에게 이런 곳에 오지 말고 빨리 결혼을 하라는 거예요. 무언지 구름같은 푹신한 곳에 이르렀을 때 아버지가 느닷없이 나를 밀어 떨어뜨렸어요."

렐리나는 그후 건강을 회복하게 되었고, 그 뒤 1년간은 아무런 일없이 무사히 지냈다. 그러던 어느 날, 렐리나를 태우고 가던 과장의 승용차가 트럭과 충돌하여 그 충격으로 인하여 머리를 부딪쳐 약 7시간 죽었다가 다시금 살아났다. 그리하여 세번째로 보고 온 사후세계의 이야기를 했다.

"예수님을 만났어요. 커다란 나무 위였지요. 깨닫고 보니

거기에 예수님이 계셨던 거예요. 전 예수님에게 부탁했지요. 저에겐 어머님 한분 밖에 없으니 다시 한번 살아나게 해달라고요. 그랬더니 예수님은 너는 새로 환생하기로 되어 있다는 거예요. 하지만 나는 다시 인간으로 태어나고 싶다며 졸랐어요. 예수님은 곤란하다는 얼굴을 하셨는데 결국 승낙해 주셨지요. 예수님이 저의 머리를 쓰다듬자 나는 정신이 멀어졌어요. 그리하여 잠에서 깨었더니 살아나 있었지요.

세번이나 죽으면서 기적적으로 살아난 렐리나의 이야기는 전국적으로 화제가 되었고, 심령학자를 비롯한 많은 저널리스트가 몰려 왔다. 그리고 2년이 지난 어느 날 렐리나는 약혼을 했다.

그날 밤 렐리나는 연인과 시내의 레스토랑에서 식사를 하고 배웅을 받으며 집으로 돌아와 잠자리에 들었는데 갑자기 괴로워하기 시작하더니 의사가 오기도 전에 사망했다.

의사는 렐리나의 죽음을 확인하고 사망진단서를 썼다. 하지만 어머니는 헛된 희망인줄 알면서 렐리나가 다시 살아날 것을 기대하며 그 옆을 떠나지 않았다.

의사에 의해 사망이 확인되고서부터 꼭 9시간이 지나 렐리나가 벌떡 일어났다. 모녀는 제3, 제4의 기적에 서로 끌어안으며 기뻐했다.

"하나님의 은총이다. 렐리나. 이번에 어떤 곳을 보고 왔니?"

어머니는 이제까지와는 달리 전혀 원기가 없는 렐리나를 격려하듯이 물었다.

"보고 왔어요. 하지만 너무나 불길해서…"

렐리나는 생각에 잠겨 좀처럼 이야기를 하려 하지 않았지만 이윽고 중얼거리듯이 입을 열었다.

"나는 커다란 나무로 덮힌 캄캄한 길을 혼자서 걸어갔어요. 후덥지근한 바람이 연신 불었고 아주 무서웠어요. 어디선가 나를 부르는 소리가 들렸지만 그 모습은 보이지 않는 거예요. 돌연 눈앞에 번쩍번쩍 반짝이는게 나타났다 싶더니 허리둘레가 20센티, 길이가 4~5미터나 되는 큰 백사가 나왔어요. 그리고 느닷없이 나에게 덤벼들어 목을 칭칭 감는 거예요. 오싹할 만큼 차가운 느낌이었죠. 뱀이 나의 몸을 핥고 있을 때 아버지가 나타나 그 뱀을 쫓아 주었어요. 그래서 살아났는데 그때 아버지는 이번에 죽으면 다시는 살아나지 않는다고 말했지요."

얘기를 끝내자 렐리나는 기운없이 어머니의 가슴에 얼굴을 묻었다. 그뒤 렐리나는 결혼하여 새로운 생활을 시작했는데 별난 일은 없는 것 같았다.

사후의 세계에서 어머니가 부른다

1965년 12월 25일, 일본의 가나가와껭 즈시에 살고 있던 쿠라타 찌요(58세) 주부는 부엌에서 식사를 준비하던 중에 갑자기 심장발작을 일으켜 쓰러졌는데 의사가 달려왔을 때에는 이미 사망하고 있었다.

그런데 1시간 20분 뒤, 찌요는 돌연 눈을 뜨고 말을 시작했다. 이 소식을 듣고 달려 온 친척들에게 보고 온 사후세계의 이야기를 들려주었다.

찌요가 식사 준비를 할때 어디선가 자기를 부르는 목소리가 들렸다. 그 목소리는 수년 전에 세상을 떠난 어머니였다. 그 목소리에 섬칫한 순간 가슴이 답답해지고 의식을 잃고서 쓰러졌던 것이다.

찌요를 부르는 어머니의 목소리에 그녀가 살며시 눈을 뜨고 보니까 그곳은 벌써 이승이 아니고 저승이었다.

그곳은 아주 아름다운 곳이었다. 푸르고 싱싱한 나무가 가득 우거지고, 본적도 없는 들꽃들이 만발하고 있었다. 자세히 보았더니 여기 저기에 많은 망인(亡人)들이 있었다. 그들은 풀밭에 태평스럽게 누워 있거나 나무를 올려다보거나 하고

 있었는데 어느 누구도 말을 하지 않았다.
 찌요는 어머니가 부르는 소리에 이끌려 가면서 풀밭을 걸어갔다. 부드럽고 아주 기분이 좋은 풀이었다.
 찌요는 10명의 망자와 스쳤는데 교통사고라도 당했는지 얼굴 반쪽이 없는 남자도 있었다. 등산 차림의 여자도 있었다. 그 여자는 우울한 표정에 쓸쓸해 보였고 발을 절룩거렸다.
 그런 사람들과 걷고 있던 찌요는 놀라움에 소리를 지르고 걸음을 멈추었다. 그녀의 눈앞에 8년 전에 죽은 아버지가 서 있었던 것이다.
 아버지는 찌요를 물끄러미 바라보더니 무슨 일이냐고 물었다. 찌요가 어머니의 부르는 소리에 왔다고 하자, 아버지는 성난듯이 툴툴거리면서 휙 모습을 감추고 말았다.
 찌요가 어머니의 모습을 발견하고 달려가려고 했을 때, 돌연 그것을 제지하는 목소리가 들렸다. 보니까 그것은 한 마리의 빨간 나비로서 30센티나 되는 큰 나비였다.

빨간 나비는 느닷없이 찌요에게 덤벼들었다. 그녀는 놀라서 뒤로 자빠졌다. 그리고 깨닫고 보니 살아나 있었던 것이다.

찌요는 그 뒤 원기있게 살고 있었는데, 1967년 8월 교통사고로 머리가 깨져 즉사했다.

사후의 세계는 구름 위에

"카무케나!"
　잠자듯이 숨을 거둔 카무케나(19세)양의 손을 움켜 잡으면서 보이 프랜드는 눈물을 지었다.
　겨우 임종을 지켜보았던 카무케나의 어머니와 동생도 어깨를 떨며 울 뿐이었다.
　1979년 2월 11일, 남미 우루과이의 어느 병원에서의 일이다. 카무케나는 3일 전 보이 프랜드와 데이트 중에 별안간 의식을 잃고 쓰려져 병원으로 옮겨졌다. 원인 불명의 고열로 헛소리를 하고 의식이 돌아오지 않은채 죽어버렸던 것이다.
　개인적인 일로 브라질에 갔던 어머니가 급히 돌아오고, 어머니가 도착하는 것을 기다리기라도 했던 것처럼 카무케나는 숨이 끊어지고 말았다. 끝내 말 한마디 하지 못한 채였다.
　의사도 카무케나의 죽음을 확인했고, 사망진단서도 썼다. 카무케나의 유해는 아름다운 민족의상에 싸여 자택으로 돌아갔다. 차례로 그녀의 죽음을 안 친구며 선배들이 달려 왔고, 그녀의 죽음을 진심으로 애도했다.

"조금 쉬도록 하는게…"

보이 프랜드는 입원을 하고서 부터 줄곧 간병을 하고 있었고, 유해 곁을 떠나지 않고 있었다.

그는 꼼짝 않고 '기적'을 달라고 간절하게 기도하고 있었다. 어쩌면 카무케나가 살아나지 않을까, 아니다 무슨 일이 있어도 살아나게 해달라고 기도하고 있었다.

"염려 없습니다."

그는 카무케나의 유해로 부터 떠나려 하지 않았다. 밤이 되고 집안에는 가족과 보이 프랜드만이 남았다.

'뚝뚝뚝'

처음보다 또렷이 들렸다.

"카무케나!"

보이 프랜드는 관 뚜껑을 열었다.

'앗!'
이 광경을 보고 어머니와 동생도 놀라 소리를 질렀다. 카무케나가 관 속에서 벌떡 일어나는게 아닌가.
보이 프랜드의 간절한 기도의 덕분인지 마침내 기적이 일어났던 것이다.
"난 천국에 갔다 왔어요…"
병원에서 사망이 확인되고서 꼭 16시간이 지난 후였다.
"어떤 곳이었지, 천국은?"
보이 프랜드를 비롯한 가족들은 카무케나를 둘러싸고 앉아 물었다.
카무케나는 동생이 타 준 커피를 맛있다는 듯이 마시더니 자기가 보고 온 사후세계를 다음과 같이 이야기 했다.
눈을 뜨고 보니 새하얀 긴 계단이 있었고, 나는 그곳을 오르고 있었어요. 계단은 새하얀 구름에 싸여 있는 모양으로서 아무것도 보이지 않았어요. 3백 단인가 4백 단쯤 올라갔을 때 넓은 뜰과 같은 곳에 이르렀는데, 처음으로 보는 아름다운 꽃이 가득 피어 있었어요. 그 곳에는 많은 사람들이 있었는데 어느 사람이건 모두 싱글벙글 하며 즐거워 보였어요. 개나 고양이 같은 동물들도 있었지만 동물은 모두 날개가 달려 있었는데 눈은 없었어요.
잠시 후 얼굴을 베일로 가린 여자가 나타나 나의 손을 잡아 주고 다시 계단을 오르기 시작했어요. 하지만 이번의 계단은 부드럽고 밟는 감촉이 없는 것이 꼭 햇솜을 밟는 것만 같았어요. '카무케나!'하고 멀리서 나를 부르는 소리가 들렸어요. 몇

번이고 몇번이고 들렸는데 그 목소리가 보이 프랜드의 것임을 안 순간 나는 발을 헛딛고 계단에서 굴러 떨어졌어요. 그리하여 깨닫고 보니 관 속에 있음을 알게 되었어요.

카무케나의 세번씩이나 사후세계를 다녀 온 이야기는 사람들 입에서 입으로 전해지면서 더욱 유명해졌다.

사후의 세계는 불바다였다

"할아버지, 죽으면 싫어."
손자들은 숨을 거두려는 다카야마 요시노(77세) 노인의 손을 잡아가면서 큰 소리로 외쳤다.
"………"
그것에 대답이라도 하려는 듯이 요시노 노인은 힘겹게 고개를 끄덕였지만 점점 의식이 사라져 가고 있었다.
1979년 3월 18일 지바껭 가모카와에서 있었던 일이다.
"유감이지만…"
옆에서 노인의 최후를 지켜보고 있던 의사가 모인 가족들에게 동정하듯이 고개를 숙이며 말했다.
"할아버지!"
손자들은 큰 목소리로 울었다. 부인도 딸도 아들도 치밀어 오르는 눈물을 연신 손수건으로 닦았다. 노인은 심장 발작으로 입원하고서 꼬박 하루밖에 지나고 있지 않았다. 그의 사망은 의사들에 의해 확인되었다.
"할아버지를 집으로 모시자."

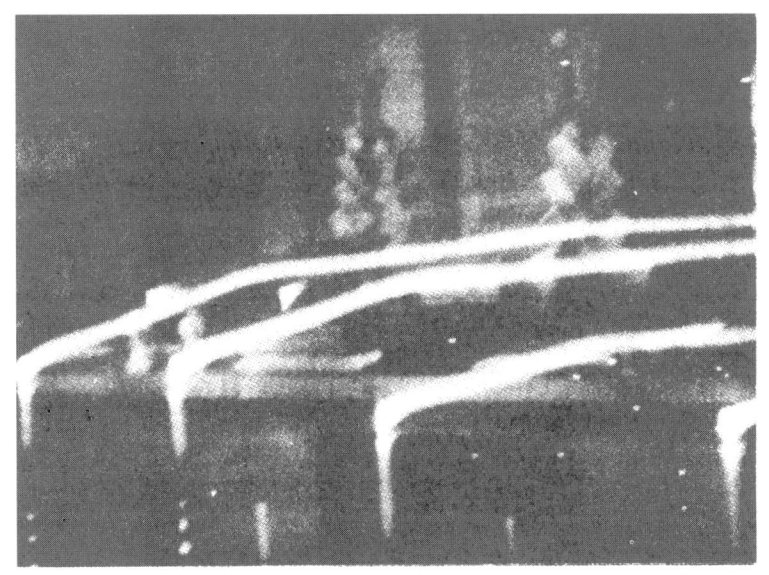

슬픔을 꾹 참아가며 할머니가 손자들에게 말하자 노인의 유해는 자택으로 옮겨졌고, 노인이 생전에 기거하던 방에 안치되었다.

노인의 죽음을 전해 듣고 이웃 사람들이며 생전에 교제가 있던 사람들이 달려 왔다. 그리하여 고인을 추모하는 성대한 밤샘이 이루어졌다.

"어째서 내가 당신의 장례식을 치뤄야만 하는가, 무정한 사람아?"

노인과 어린 시절부터 친했던 절의 주지는 눈물을 흘리면서 경문을 외웠다.

"이 사람아, 약속이 틀리잖아! 자네가 나의 호상이 되어 나의 장례식을 치뤄 준다고 했잖는가?"

멀리 도쿄로부터 달려 온 그의 어릴적 친구들이 흐느끼며 그의 죽음을 진심으로 애도했다.

'아니!?'

이윽고 밤샘을 하던 사람들은 놀라움의 소리를 냈다. 바람도 없는데 크고 굵은 촛불이 몇 개 모두 옆으로 나붓끼고 있었던 것이다.

바람이 없을 때는 촛불이 흔들리는 일도 없고 곧장 불길이 오르기 마련인데, 그것이 옆으로 누운 것처럼 되었으므로 사람들이 놀라는 것은 당연했다.

"나이를 먹어도 익살이 많았던 친구니까 죽어서까지 모두 놀라게 하는 장난을 하는 모양이지…"

군대 시절부터의 친구가 노인의 옛날 애기를 시작했고, 그의 장난으로 골탕을 먹었다는 에피소드를 소개했다.

"그러고 보니 웃고 있는 것 같기도 하네."

유해는 아름다운 꽃들로 파묻히고 가족들의 손에 의해 관 뚜껑이 닫혔다.

"할아버지 안녕."

손녀딸인 엘리카(10세)는 할아버지의 볼에 입을 맞추었는데 그 가련한 모습에 사람들은 눈시울을 붉혔다.

'앗!'

드디어 출관 때가 되자, 또 이상한 일이 생겼다.

도꼬노마[일본식 방의 안쪽에 위치하고 있는 장식칸으로서 족자 등을 걸어 둔다]의 커다란 꽃병이 쨍그렁 하는 소리와 더불어 깨어졌던 것이다. 그 깨어진 모습은 뭔가로 꽃병을 후려친 것만 같았다. 다만 출관으로 바쁜 사람들은 이런 일을 거의 눈치 채지 못했다. 꽃병이 깨진 것을 본 것은 부인과 세 사람의 이웃 아낙네뿐이었다.

　노인의 유해는 화장장으로 운반되었다. 관은 대기실에서 차례를 기다리게 되었다. 관 옆에는 부인과 손녀딸, 주지 스님, 그리고 어릴적 친구 네 사람이 있었다.

　'덜컹덜컹'

　네 사람은 눈 앞의 관에서 소리가 들렸을 때 자기의 귀를 의심했고, 눈길을 마주쳤다.

　"확실히 무슨 소리가 난듯 싶은데…."

　주지 스님이 입을 먼저 열었다. 다른 사람들은 고개를 끄덕였다.

　'뚝 뚝 뚝'

　또 다시 소리가 나고 이어 관 속에서 사람의 목소리가 들려왔다.

　"……"

　주지 스님과 부인은 얼굴을 마주 보았다. 스님은 얼어나자 관에 딸려 있는 얼굴을 들여다 보는 작은 뚜껑을 열었다.

　'앗!'

　순간 스님은 비명을 지르며 부인을 손짓해 불렀다.

　"하 할아버지가!"

　관 속에서 두 눈을 뜨고 장난끼어린 웃음마저 띄고 있는 노인을 보자 세 사람은 기절초풍을 하고 말았다. 이어서 모인 사람들의 손에 의해 못질된 관 뚜껑이 열렸다.

"아버지에게 쫓겨 돌아왔어."

살아난 노인은 놀라움에 입을 딱 벌리고 있는 사람들에게 자기가 소생한 까닭을 설명했다.

"깨끗한 물의 얕은 내를 건너가려 하자 건너편 기슭에 죽은 아버지가 서있는 거야. 아주 무서운 얼굴로 나를 노려보며 '돌아가, 돌아가라니까!' 하고 호령하는 거야. 그래서 돌아왔지."

노인이 의사로부터 사망이 확인되고 살아나기 까지의 약 50시간 동안에 본 사후의 세계는 다음과 같은 것이었다.

먼저 보인 것은 자기의 집 내부였다. 밤샘으로 모인 사람들과 친구들의 말소리까지 들렸다. 노인은 꽤나 오랫동안 자기의 집에 있었고, 자기의 죽음을 슬퍼하는 사람들의 거동을 보고 있었다.

"내가 여기 있어."

하고 말을 걸고 싶었지만 아무리 해도 목소리가 나오지 않았다. 그래서 촛불을 옆으로 나붓기게 하거나 꽃병을 깨뜨려 보였지만 자기의 존재를 알게 할 수가 없었다고 한다.

관이 현관문을 나서는 순간 작의 몸은 하나가 되어 화장장으로 향했다. 그리고서 본 것은 불바다에 걸려 있는 한가닥 가는 다리와 바윗산 아래를 흐르는 강의 다리였다.

노인은 불바다에 걸린 다리로는 가지 않고 바위산 쪽 다리를 건너가기 시작하자 자기의 아버지에게 쫓겨 왔다고 했다.

죽었다 살아난 노인은 몇년동안 건강하게 살다가 일생을 마쳤다고 한다.

할머니, 다시 한번 살아나요!

1977년 5월 3일, 아오모리껭 히로사끼시에 사는 다사와 야스(57세) 여성은 교통사고로 병원에 옮겨졌지만 곧 숨을 거두었다. 달려 온 가족들은 차가워진 야스의 유해를 향해 몇번이고 '할머니! 다시 한번 살아나세요'하고 울부짖었다.

그것에는 이유가 있었던 것이다. 1975년 9월 18일의 일이었다. 야스는 병원에 입원하여 이틀만에 사망했다. 사인은 심장발작이었다.

'할머니!'

다섯명의 자녀와 세명의 손자는 야스의 유해를 붙잡고 슬피 울었다. 유해는 집으로 옮겨지고 밤샘이 행해졌는데 친척이며 동네 사람들이 모였고, 그녀의 생전의 이야기들을 나누었다.

도쿄에 살고 있던 큰 딸이 손자인 히데히꼬를 데리고 달려 온 것은 야스가 숨을 거두고서 10시간이 지나서였다.

"할머니, 왜 죽었어요."

히데히꼬 소년이 관을 두드려 가면서 울음소리를 낼 때였다.

'앗!'

큰딸이 소스라치게 놀랐다. 놀랍게도 죽은 사람이 가슴에 모으고 있던 손을 움직이고 그것을 풀었던 것이다. 그뿐만이 아니었다. 죽은 사람이 목을 움직이면서 몸을 일으키려고 했다. 주위 사람들은 이같은 광경에 모두 놀라 자빠질 지경이었다.

'아아'

야스는 관 속에서 몸을 일으키고는 크게 숨을 내쉬면서, 깜짝 놀라고 있는 사람들에게 계면쩍은 웃음까지 띄워 보였다.

"정말이지, 난 저승을 보고 왔어."

그녀는 뜨거운 차를 마시고서 천천히 자기가 보고 온 사후 세계의 광경을 이야기하기 시작했다. 그녀가 10시간 가까이 보고 온 사후의 세계는 다음과 같았다.

그녀는 자기의 시체가 차에 실려 가는 것을 똑똑히 보았다고 한다. 또한 이웃 사람들이 매달리듯이 울고 있는 것도 보았다. 이윽고 자기의 시체도 이웃사람도, 그리고 집도 점점 작아지고 마침내 보이지 않게 되었다.

그녀는 조약돌이 가득 깔려 있는 냇가 비슷한 곳을 걷고 있었다. 주위엔 나무 한 그루 없는 으스스한 기분 나쁜 느낌의 곳이었다.

그런 냇가를 걸어가자 폭 2미터 쯤의 시냇물이 흐르고 있었다. 그녀는 그것이 삼도천(三途川)이라고 생각되었다. 두 손을 모아 합장을 했고 잠시 강을 보고 있었다.

강물은 깨끗하고 맑았으나 이상한 일로서 때때로 새빨간 피같은 것이 스르르 실을 끌듯이 흘러갔다.

그녀는 강을 따라 걸었다. 건너고자 생각은 했지만 좀처럼 그런 용기가 나지 않았다. 강바닥이 보이고 아주 깊어 보였다.

"야스가 아니냐?"

강 건너에서 소리가 났다. 깜작 놀라 보았더니 그것은 10년 전에 산후 회복이 나빠 죽은 이웃집의 어릴적 친구 기요꼬였다. 그녀는 그리운 듯이 야스를 보고 있었는데 냇물을 건너지 말고 돌아가라고 했다.

"이 냇물을 건너면 이미 끝장이예요."

기요꼬는 그녀에게 살아 돌아갈 것을 전했다. 그러나 그녀로선 그 방법을 몰랐다.

야스와 기요꼬는 마주 본체 냇물을 끼고 천천히 걸으면서 이야기하고 있었다. 또 부르는 소리가 있어 보았더니 그것은 6년 전에 자궁암으로 죽은 막내동생 히로꼬였다.

자매는 사후세계라는 보통으로는 생각할 수 없는 장소에서의 재회에 깜작 놀라면서 재회의 기쁨을 감출 수가 없었다. 손을 잡고 싶었지만 삼도천을 사이에 두고선 그럴 수도 없었다.

"히로꼬, 그리로 갈께."

그녀는 용기를 내어 냇물에 들어가려 했다.

"오지 말아요!"

어느 틈엔가 15년 전에 잇달아 죽은 조부모가 모습을 나타내고 엄한 표정으로 그녀를 꾸짖었다. 그 엄한 꾸지람에 그녀는 그만 냇물에 들어가려던 발을 멈추고 냇가에 멈춰 섰다.

그녀는 삼도천을 사이에 두고 어렸을 때의 친구, 동생, 조부모를 만났던 것이다. 그녀는 그들과 냇물을 사이에 두고서 이야기를 하며 냇가를 걸었다.

얼마후 네 사람의 모습이 보이지 않았다. 그와 동시에 냇물도 없어졌다. 어느 틈엔가 바위산 같은 곳을 걷고 있었다.

선한 바람이 불고 있건만 걷고 있는 바위 표면은 아주 뜨겁고 발바닥이 타버릴 것만 같았다. 목이 말라 견딜 수가 없었다. 그녀는 발아래 있는 큰 항아리 속을 들여다 보았다. 그 속에는 차가워 보이는 물이 들어 있었다. 그 물을 두 손으로 뜨고자 항아리에 손을 넣었지만 웬지 물에 손이 닿지 않았다. 몇번을 반복했지만 아무리 해도 물을 뜰 수가 없었다.

그녀는 문득 사람의 낌새를 느끼고 뒤를 돌아다 보았다. 그곳에는 얼굴이 반쯤 문드러진 으스스한 느낌의 사내가 서 있고, 그녀를 노려보고 있었다. 너무도 무서워서 그녀는 도망치듯이 그곳을 떠났다.

길은 점점 좁아지고 나중에는 한 사람이 겨우 걸을 만큼의 폭이 되었다. 그리하여 그녀는 벼랑의 가장자리 같은 곳에 이어져 있었는데 벼랑 한쪽은 불이 타고 있었고, 붉은 불길이 크게 흔들리고 있었다.

그녀는 걷기를 망서렸지만 뒤에서 기분 나쁜 사내가 쫓아오고 있었으므로 눈을 감듯이 하며 발을 옮겼다.

'앗!'

야스는 발을 미끄러뜨려 하마터면 불구덩이 속으로 떨어질

뻔 했지만, 누군가가 그녀의 손을 잡아 주었다. 보니까 그것은 생전에 독실하게 신앙했던 관음보살님이었다. 그녀는 무릎을 꿇고 합장하며 감사했다.

"당신에게 한번 더 생명을 주리다!"

보살님은 부드러운 미소를 띠면서 손을 뻗쳤고, 그녀의 손을 끌었다. 그녀는 이대로 관음보살님을 섬기고 싶다고 했지만 그것은 허락되지 않았다.

"나를 따라 와요."

보살님은 그녀의 손을 끌며 걷기 시작했다. 바위산 같은 곳에 있는 굴로 들어갔다. 안은 캄캄하고 발밑도 잘 보이지 않았지만, 그대로 걸었다.

어느 틈엔가 보살님의 모습은 보이지 않고, 그녀는 멀리 보이는 한점의 불빛을 향해 걸어갔다.

"어머니, 할머니!"

어디서인가 자기를 부르는 목소리가 들렸다. 그녀는 그 목소리가 나는 쪽으로 걸었다.

"할머니!"

그것은 손자의 목소리였다. 그녀는 그 순간 자기의 몸이 붕 뜨는 듯한 느낌이 들며 잠이 깨고 죽음으로부터 깨어났던 것이다.

"아주 으스스한 곳이었다."

그녀는 10시간 가까이나 보고 온 사후세계의 이야기를 끝내자 관음보살님께 향불을 사르고 합장한 후 예를 올렸다. 그러자 이상한 일이 벌어졌다. 불을 갖 붙인 긴 향이 순식간에

재로 변했던 것이다.

되살아 난 그녀는 아주 원기있게 일했다. 그 때까지 한달에 한 두번 열이 나고 눕는 일은 있었지만 그것도 완전히 없어지고 말았다.

"다시 한번 살아나세요."

교통사고로 죽었을 때도 가족들은 그녀의 전번 일을 생각하며 소생하기를 기다렸다. 그러나 유감스럽게도 소생의 기적은 두번 다시 일어나지는 않았다.

사후의 세계에서 만난 아버지

"카탈리, 위험해!"

사람들의 외침은 공장의 소음에 지워지고 말았다. 다음 순간 카탈리의 비명이 들리고 비상벨이 울렸다.

1977년 6월 3일, 서독의 프랑크푸르트에 있는 어떤 공장에서 발생한 사고이다.

이 사고가 일어나기 직전까지 설계사 카탈리씨는 고장난 기계의 수리 도면을 작성하기 위해 가게의 옆에서 약도를 그리고 있었다.

그런 그의 바로 위를 통과하고 있던 크레인이 돌연 고장이 나서 매달고 있던 철재가 떨어져 그의 몸에 내리치고 말았다.

그는 들것으로 공장 내의 병실로 곧 옮겨졌지만 의사의 치료도 보람없이 숨을 거두고 말았다. 검시관도 그의 사망을 확인했다.

그의 유해는 집으로 옮겨졌고 밤샘이 시작되었다. 직장의 동료들이며 학우, 걸 프랜드가 모여 늦게까지 생전의 추억담으로 이야기의 꽃을 피우고 있었다.

"우리들보다 먼저 죽다니…"

밤샘을 하던 사람들이 돌아간 뒤 카탈리의 부모는 쓸쓸하게 말을 주고 받았다. 그리하여 새벽 1시가 지나고서야 잠자리에 들었다. 그러나 좀처럼 잠을 이루지 못했다.

'으, 으윽…'

돌연 괴로운 듯한 신음소리가 들렸고, 어머니는 섬칫해 일어났다. 귀를 기울였더니 그 소리는 카탈리의 유해가 안치되어 있는 옆방에서 들려오는 듯 싶었다.

'카탈리아…'

전등을 켜고 관을 살핀 부모는 놀란 나머지 까무러칠 것만 같았다.

죽은 카탈리가 관 속에서 일어나 앉고 있는 게 아닌가. 그것은 그가 검시관으로부터 사망이 확인되고서 12시간 가까이 지난 때였다.

"전 사후의 세계를 보고 왔습니다. 거기서 아버지라고 스스로 말하는 사람과도 만났지요."

그는 몹시 놀라고 있는 부모에게 사후의 세계 얘기를 시작했다. 그곳은 어두운 곳이었다. 마치 큰 터널 속과 같았다. 아득한 전방에 반짝이듯 밝은 곳이 보였으나 아무리 걸어도 좀처럼 그곳에 도달할 수가 없었다. 그럼에도 카탈리는 묵묵히 걸었다. 누구에게 명령을 받은 것도 아닌데 누구에게 불려가듯이 묵묵히 걸었다.

돌연 뜨거운 바람이 불어 왔다. 그는 뜨거운 바람을 피하려고 했다. 하지만 바람에 섞여 끈끈한 액체같은 것이 날아와서 그의 몸에 부착했다. 처음에는 그것을 털어냈지만 어느덧 그런 원기마저 잃고 있었다. 그 순간 갑자기 눈앞이 밝아지고 널찍한 들판같은 곳에 이르렀다.

그곳은 방금 전까지의 기분 나쁜 곳과는 달리 수목이 아름답게 우거지고 이름도 모를 숱한 새들이 날고 있었다. 그가 한껏 두 팔을 벌리면서 기지개를 켜고 새들을 바라보고 있을 때 돌연 한 여자가 모습을 나타내며 말을 걸어 왔다.

"나를 따라 오세요."

그렇게 말하더니 그 여자는 앞장서서 걷기 시작했다. 그는 아무런 주저도 없이 그녀의 뒤를 따라 걷기 시작했다.

어느덧 우거진 수목이 빨강색으로 물든 곳에 이르렀다. 그것은 선혈과도 같은 색깔이었다. 앞으로 나아가자 많은 사람들이 있었다. 그들은 모두 군복을 입고 있었는데 신체가 온전한 사람은 한 사람도 없었다.

그는 그만 얼굴을 외면하고 말았다. 그러자 그를 안내한 여자가 말했다.

"이들 중에 당신의 진짜 아버지가 있지요."

그는 깜짝 놀라서 되물었다. 아버지는 건재하고 있었기 때문이다. 그는 다수의 전사자 안으로 안내되었다. 그는 눈을 애써 피하면서 걸었다.

"카탈리!"

한 젊은 장교 차림의 사내가 그를 불렀고 눈앞에 섰다. 카탈리는 그가 너무도 자기를 닮고 있다는데 놀랐다.

"내가 너의 아버지란다. 믿어지지 않을테지만…."

　아버지라고 자칭한 사내는 카탈리의 어깨에 손을 얹고 그 까닭을 설명했다. 그것에 의하면 아버지는 태어나서 반년쯤 지나 이웃에 살던 노부부에게 맡겨졌다. 어머니는 카탈리를 낳고서 채 한달이 지나지 않아 병으로 죽었고, 가까운 친척도 없었으므로 그럴 수 밖에 없었던 것이다.
　그 노부부가 지금의 양부모에게 카탈리를 주었던 것이었다.
　"자, 돌아가라. 그리고 양부모라도 너를 키워 주었으니 효도를 해라!"
　친아버지는 거기까지 말하고는 모습을 감추고 말았다. 그와 동시에 카탈리의 몸은 훌쩍 떠올랐고 다시 낙하하여 되살아 났던 것이다.
　"아버지, 저는 정말로 당신들의 자식이 아닙니까?"

부모는 카탈리가 사후세계에서 알게 된 사실들을 인정하지 않을 수 없었다.

카탈리는 사후세계에서 만난 친아버지로부터 자기 출생의 비밀을 알게 되었지만, 양부모와의 사이는 더욱 더 굳어졌다고 한다.

필사적인 연인의 말

1974년 4월 5일, 브라질의 사라돌시에서 일어난 일이다.

"앗 샤비르!"

그것은 순간적인 일이었다. 동료와 즐거운 듯이 이야기를 하던 샤비르의 모습이 빌딩의 옥상에서 사라졌다.

동료가 달려 가서 아래를 내려다 보았을 때 샤비르는 15미터 아래의 보도에 떨어져 있었고, 통행인이 그 주위를 둘러싸고 옥상을 가리키며 떠들고 있었다. 샤비르가 기대고 있던 옥상의 쇠그물이 썩어 순식간에 추락하고 말았던 것이다.

빈사 상태에 빠진 샤비르는 즉각 구급차로 병원에 옮겨졌지만, 이윽고 숨을 거두고 말았다.

1.5미터의 높이에서 떨어졌다고 하는데 왼팔만 부러지고 있을 뿐 머리가 다치지 않았다는 것은 참으로 기적적이었다. 샤비르가 죽은 것은 떨어진 충격에 의한 것으로 생각되지 않았다.

의사들은 꽤나 세밀히 샤비르의 치료를 했는데도 불구하고 생명을 구하지 못하고, 두명의 의사가 그의 사망을 확인했던 것이다.

"갑작스런 일이라 뭐라고 위로의 말씀을 드려야 좋을지…"

그날 밤 생전에 그와 친교가 있었던 사람들이 모이고, 유해를 둘러싸고 추도식을 올렸다.

나이 많은 양친은 충격으로 인해 병석에 누웠고, 샤비르의 형님 부부가 장례 절차를 진행했다.

"샤비르! 어째서 나를 두고 죽어 버렸어요!"

이튿날 오후, 그러니까 샤비르의 죽음이 의사에 의해 확인되고서 부터 꼭 27시간이 지났을 때 소식을 듣고 연인 마리다가 레시페란 곳으로부터 기진맥진 달려 왔다.

"샤비르, 뭐라고 말좀 해봐요!"

그녀는 미친 사람처럼 울부짖으며 샤비르의 시체를 잡고 흔들어 댔다. 그러자 그때였다. 돌연 마리다가 큰소리로 비명을 질렀다. 죽은 샤비르가 '마리다' 하고 말을 했던 것이다.

그뿐이 아니었다. 시체가 벌떡 일어나고 놀란듯한 눈으로 주위를 두리번 거리는게 아닌가.

'샤비르!'

애인 마리다는 그렇게 외치자 형님 부부를 비롯하여 그곳에 있던 사람들도 놀란 나머지 어안이 벙벙할 뿐이었다.

"그런가, 역시 나는 죽어 있었구나…"

놀라움이 진정된 형님으로부터 그때까지 자초지종을 들은 샤비르는 크게 머리를 끄덕이면서 이렇게 말했다.

"난 모르다와 만나고 왔어…"

그리하여 보고 온 사후세계의 일을 하나 하나 생각해내듯이 이야기를 하기 시작했다.

"그곳을 사막이라 하는 것일까?"

아주 이상했다. 무지 무지하게 넓은 사막을 터벅터벅 걷고 있는 자기의 모습이 타인처럼 똑똑히 보였다.

팔다리의 아픔을 느껴 가면서 사막 속을 내내 걸었다. 그러나 뒤돌아 보아도 그 발자욱은 하나도 남아 있지 않았다. 새하얀 뜨겁지도 차갑지도 않은 사막을 걷고 있으려니까 이윽고 검은 사막이 나타났다. 그곳도 무엇하나 보이지 않는 넓은 곳이었다.

'어디로 가는 것일까…'

샤비르는 발걸음을 멈추려 했지만 누군가에게 등을 떠밀리듯이 발만이 앞으로 나아가는 것이었다. 그런 자기가 아주 가엾게 또한 우스꽝스럽게도 보였다.

'아, 예쁘다.'

이윽고 5색의 사막이 나타났다. 빨강, 파랑, 노랑, 초록, 흰색의 너무도 아름다운 색깔이었다. 샤비르는 이제까지 이렇게 아름다운 색깔을 본 일이 없다고 생각되었다.

'앗 사람이다!'

반짝 반짝 빛나는 5색의 사막 위를 걸어가는 사이에 샤비르는 긴 사람의 행렬을 발견했다. 그 사람들은 달팽이가 기어가듯이 느릿 느릿 움직이고 있었다.

갖가지의 사람들이 있었다. 남자도 여자도 노인이나 어린이도, 푸르댕댕한 얼굴, 온몸에서 물이 뚝뚝 떨어져 있는 사람 등 갖가지였다.

"어째서 안됩니까?"

샤비르는 몇번이고 그 행렬 속에 들어가려 했지만 거절당했다. 억지로 끼어들려고 하자 사람들은 샤비르를 떠다 밀어 버렸다.

"어디로 갑니까?"

샤비르는 행렬의 사람에게 물었지만 누구도 대꾸해 주는 사람이 없었다. 샤비르는 어느 틈엔가 행렬의 선두에 이르러 있었다. 사람들은 그곳에 놓여져 있는 커다란 독에서 물을 움켜 마시고 있었다. 이상한 일은 물을 마신 순간 그런 사람의 움직임이 빨라지고 뛰어가듯이 그 모습이 보이지 않았다.

샤비르도 행렬에 끼어들어 물을 마시려고 했다. 그때였다.

"샤비르가 아냐?"

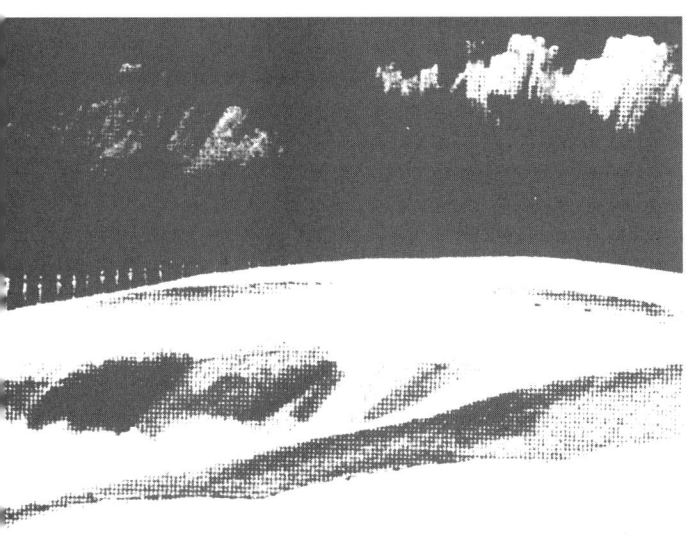

 돌연 그를 부르는 소리가 났던 것이다. 보니까 거기에 그리운 얼굴이 있었다.
 "모르도, 모르도가 아냐?"
 샤비르는 너무나 놀라고, 너무도 기뻐서 껑충 뛰어올라 모르도의 손을 잡았다. 모르도는 샤비르의 가장 친한 친구인데 수년전 사업 관계로 콜롬비아에 간 뒤로 소식이 끊어지고 있던 친구였다.
 "이런 곳에서 너를 만나다니…"
 그러나 모르도는 쓸쓸해 보였다. 어두운 그늘이 온몸을 덮고 있었다. 샤비르는 오랜만에 만난 기쁨으로서 갖가지 말을 걸었지만 모르도 쪽은 별로 얘기하고 싶어하지 않았다.
 "샤비르, 실은…"

모르도가 무거운 입을 열며 말했다. 그것에 의하면 모르도는 콜롬비아 어느 광산에서 작업중 사고를 당한 것으로 되어 있지만, 사실은 어떤 사람에게 살해되었다고 했다.

"누구에게…"

샤비르는 분노를 느끼며 물었다. 친구를 죽인 놈의 분노로 인해 그의 몸은 떨고 있는듯 했다.

"너도 알고 있을테지, 곤잘레스야."

모르도의 얼굴은 분함으로 일그러졌다. 얘기를 들어보니까 그가 갱내를 순찰하고 있을때 질주해 온 탄 운반차에 부딪쳐 즉사한 것이었다. 그런데 그 운반차를 질주시킨 것은 동료인 곤잘레스라는 청년이었다. 게다가 한 여자를 사이에 두고 서로 싸우는 라이벌이 되고 말았던 것이다.

더욱 나쁜 일로선 사고사가 되기 3일 전 모르도는 곤잘레스가 에메랄드의 원석을 훔치는 것을 보았던 것이다. 모르도에게 훔치든가 해서는 안되잖는가 하며 충고를 했다. 그러나 곤

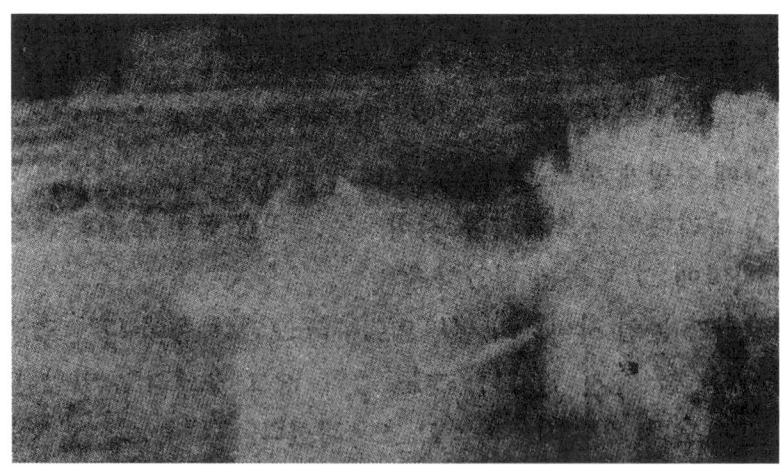

잘레스는 말을 듣지 않았다. 그런 일로 해서 모르도는 살해되고만 것이었다.

"죽일놈 같으니…"

샤비르는 주먹을 불끈 쥐고 화를 냈다.

"샤비르, 부탁해. 원수를 갚아다오."

모르도는 분노의 눈물을 글썽이면서 이대로는 도저히 눈을 감을 수 없다고 했다.

"자 샤비르, 돌아가야 한다."

명령하듯이 그렇게 말하던 모르도는 독에 다가가서 물을 두손으로 움켜 쥐었다.

"모르도! 돌아가라고… 나는…"

"응, 한번은 확실히 죽었다. 하지만 너는 완전히 죽은게 아니야. 너는 다시 살아날 수 있는 몸이야."

"하지만…"

"알겠나 샤비르! 지금 온 길로 똑바로 가는 거야."

모르도는 두손에 움켜쥔 물을 마셨다. 그러자 몸에 날개라도 돋친 것처럼 높이 날아올랐고, 마침내는 보이지 않았다.

샤비르는 모르도가 시킨대로 걸어 온 사막을 되돌아 오기 시작했다.

"샤비르! 샤비르!"

그때 이렇게 부르는 여자의 소리가 들렸다. 그것은 틀림없는 연인 마리다의 목소리였다. 샤비르는 주위를 돌아보았다. 하지만 사막에 그 모습은 없었다.

"샤비르!"

마리다의 목소리에 샤비르는 머리를 들었고 눈을 떴다. 깨달고 보니 그곳은 자기의 방이었다. 마리다는 다그치듯이 말하면서 샤비르의 가슴에 얼굴을 묻으며 기뻐 견딜 수 없다는 듯이 울었다. 샤비르의 소생으로 집안은 웃음소리가 넘쳤고 부모도 원기를 되찾았다. 곧 축하 파티가 열렸고, 동네 사람들은 샤비르의 소생을 기뻐했다. 동시에 그가 말한 사후세계의 광경에 깜작 놀라고 있었다.

"형님, 나는 이제부터 곤잘레스한테 갔다 오겠어. 차를 좀 빌려 줘요."

파티가 끝나기를 기다려 샤비르가 말했다.

"네가 가는 것도 좋지만 내일 곤잘레스가 네 장례식에 와주기로 되어 있으니 그때 만나보는게 어떠냐?"

형은 샤비르를 말렸다.

이튿날 아침 일찍 곤잘레스가 차를 타고 달려 왔다. 그는 장례식 같은 낌새가 없음을 보고 이상히 여겼다.

"곤잘레스!"

그렇게 외치며 샤비르가 모습을 나타내자 그는 기절초풍하고 말았다. 샤비르는 곤잘레스에게 어젯밤 살아났음을 설명하고 사후의 세계에서 모르도를 만났던 사실을 말했다.

순간 모르도의 얼굴빛이 하얗게 바뀌었다.

"에메랄드의 원석 이야기도 들었지."

"난 모르는 일이야!"

하고 곤잘레스는 변명했지만 이윽고 그 자리에 털썩 주저앉고 말았다.

죽음을 막아 준 친구

1974년 2월 11일. 죽은 지 18시간만에 소생한 청년이 있었다. 그는 런던 시내에 거주하는 회사원 켈리(34세)씨다.

의사의 사망 진단이 있고서 18시간만에 다시 살아나서 보고 온 사후세계의 광경을 이야기하며 사람들을 놀라게 했다.

나는 내 부주의로 자동차에 치고 말았다. 그때 좀더 주의를 했었다면 그런 일은 일어나지 않았을 것이다. 나는 도로에 나가 떨어지고 심한 충격을 받아 의식이 몽롱한 채 병원에 실려갔다. 의사는 모든 처치를 해주었지만 그 아픔은 좀처럼 없어지지 않았고, 의식은 더욱 멀어지고 달려와 준 부모형제며 동료의 얼굴이 보이지 않게 되었으며, 깊은 골짜기 아래로 맥없이 떨어지는 느낌이었다.

얼마나 지났는지 잘 모르지만 차츰 눈앞이 밝아졌다. 동시에 몸이 훨씬 가벼워져 어느 틈엔가 일어서 있었다. 그러나 그때의 일이란 나 스스로가 아닌 듯한 도무지 기묘한 기분이었다. 걷기 시작했지만 몸이 허공에 떠있는 것만 같았다. 나는 자꾸만 걸었다. 주위는 어둠침침하고 또렷하지가 않았다.

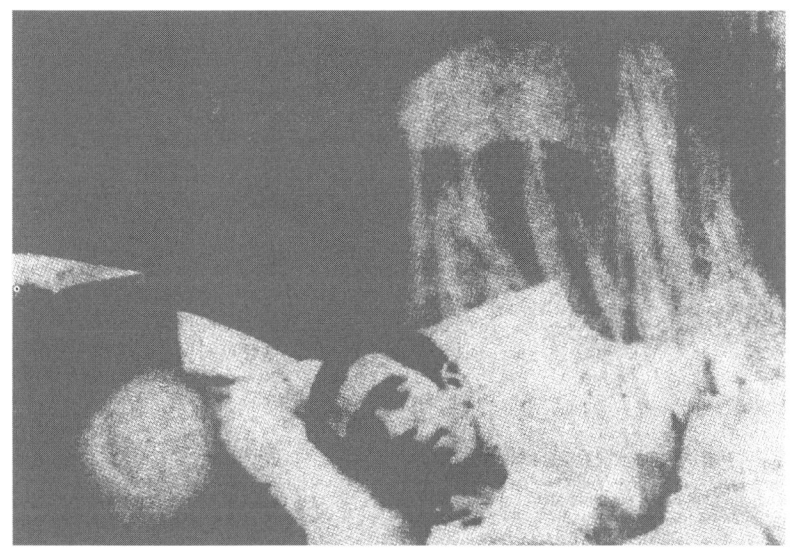

하지만 나는 발길 가는대로 걸었다. 무언가 사람같은 검은 그림자가 스쳐 지나갔지만 그 모습은 확실한 것은 아니었다. 다만 그 모습이 괴로운 듯이 신음소리를 내고 있는 것만은 알 수 있었다.

얼마쯤 걸었는지 모른다. 걷는 것이 별로 익숙하지는 않았지만 이상한 일은 도무지 피로를 느끼지 않았다는 것이다. 이윽고 점점 눈앞이 밝아졌다. 주위의 것이 또렷하게 보이기 시작했다.

"켈리!"

어디선가 나의 이름을 부르는 소리가 들렸다. 어머니의 목소리였다. 주위를 두리번거렸으나 그런 모습같은 것은 보이지 않았다.

'앗!'

나는 그만 숨을 삼키고 말았다. 눈앞에 펼쳐진 널찍한 큰 바닷물이 놀랍게도 새빨간 빛을 하고 있었다.

아직 반가량 살이 남아있는 사람도 있었지만 모두들 너무도 고통스런듯 싶었고, 서로가 팔다리를 잡아당기고 밀어 젖혀 가면서 앞으로 나오고자 허위적대고 있었다.

"로젠!"

나는 그런 사람들 중에서 몇달 전에 병으로 사망한 친구의 얼굴을 발견하고 자기도 모르게 달려가려고 했다.

"켈리, 와서는 안돼!"

친구는 손을 들어 내가 가까이 오는 것을 제지했다. 나는 이상하다고 생각했다. 그와 나는 아주 친하고 형제와 같았는데…

"빨리 돌아가. 집에 돌아가는 거다!"

로젠의 무서운 기세에 놀란 나머지 나는 오던 길을 되돌아가기 시작했다.

그럭저럭 하는 사이에 다시금 자기의 이름을 부르는 소리가 들렸고, 섬칫하여 잠이 깨었던 것인데 살아난 것은 아마도 그때였던 모양이다.

사후의 세계에 아름다운 성이

독일 베를린에 거주하는 회사원인 마르댕(29세)씨는 천국에 갔다 왔다고 했다.

1973년 12월 20일, 그는 의사의 치료 보람도 없이 사망하고 말았다. 그런데 사망 10시간만에 다시 소생하여 이승으로 돌아온 것이었다.

이 믿어지지 않는 소식에 쇼크를 받은 어머니는 병석에 눕고 말았다. 어찌하여 그런 순간이 있었을까? 그런 일이 일어나다니. 그는 두번 다시 죽음을 체험하고 싶지 않았다.

나의 병명은 심장발작이라는 것으로서 석달 남짓 나는 병원에서 치료를 받았다. 아주 지겨운 시간들이었다.

1월 20일 오전 6시가 지나서의 일이다. 나는 발작을 일으켜 가슴을 쥐어뜯기 시작했고, 달려 온 의사들이 여느 때처럼 열심히 치료를 해주었다.

옆에선 누이동생이 애원하는 표정으로 고개를 갸우뚱하는 의사에게 살며시 묻고 있는 것이 내 귀에 똑똑히 들렸다.

"괜찮을까요. 오빠는 괜찮을까요?"

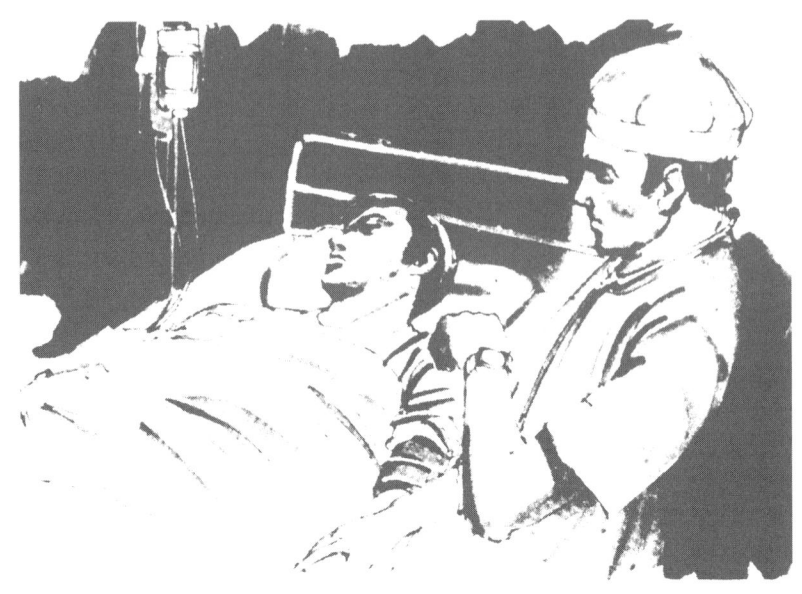

　그러나 의사는 아무런 대답도 하지 않았다. 도무지 이상했다. 자기는 괴로워하고 있을 터인데 그런 나를 다른 내가 보고 있는 것만 같은 느낌이었다. 그렇다. 또 하나의 내가 있고 의사에게 치료받는 나를 보고 있다는 느낌이었다.
　누이동생은 울음을 터뜨렸고 의사가 깊이 머리를 숙인 순간이었다. 나의 몸이 떠오르듯 거뜬해졌던 것이다. 마치 지구의 인력에서 해방된 기분이었다. 그리하여 나의 몸은 너울너울 떠오르든가 휙 옆으로 불리든가 자기의 의지와는 다른 움직임을 하기 시작했다.
　실이 끊긴 풍선처럼 자꾸만 높이 올라가는 것을 자기로서도 알았다. 그리하여 비행기 위에서 본 것과 전혀 같은 세계를 나는 보았다.

이윽고 하계(下界)의 것은 무엇하나 보이지 않게 되고 말았다. 아무리 눈을 크게 떠도 새하얀 구름같은 것이 걸려 있어 보이지 않았다. 나의 몸은 마치 수영을 하고 있는 것만 같은 자세가 되어 있었다고 생각된다.

얼마쯤 지났을까, 얼마만큼 움직였는지 시간적인 것도, 거리적인 것도 전혀 몰랐지만 이윽고 나는 구름 위 같은 곳을 빠져 나왔다.

그곳은 눈이 부실만큼 새파란 곳이었다. 무엇하나 보이지 않는 파아란 공동(空洞)과도 같았다.

그것은 우주라고 부르는 장소였을까? 엄청나게 크고 아름다운 곳이었다. 나의 몸은 무언가에 이끌리듯 여전히 올라 갔다.

'아니!'

나는 눈 앞에 보이기 시작한 큰 성과 같은 건물을 보고서 놀라고 말았다. 그것은 이제껏 한번도 본 일이 없을 만큼 훌륭한 것이었다.

나는 성안을 보고 싶어 꼬불 꼬불 가늘게 이어진 계단을 올라갔다. 뭐라 말할 수 없는 향기, 아름다운 꽃이 가득 피어 있었다.

나는 꽃을 바라다보면서 계단을 계속 올라갔다. 아주 부드러운 것이 마치 양탄자 위를 걷는 느낌이었다.

"돌아가라! 네가 와서는 안되는 곳이다!"

어디에도 사람의 모습은 보이지 않건만 크게 울리는 소리만이 들렸다. 섬칫한 순간 무언가에 걸려 넘어졌고 아차할 사이에 나는 굴러 떨어지고 말았다.
　눈을 뜨고 보니 놀랍게도 나는 관에 넣어지고 장례식 준비가 되어 있었다. 정말이지 깜짝 놀랐다. 나는 자기가 죽었다는 느낌이 없었던 것이다.

해골무리로부터 재생하다

체코 프라하에 거주하는 기계 기사인 포르스키(39세)씨와 같은 사후세계 체험자는 전세계에서도 그리 많지 않을 것이다.

그는 1973년 11월 18일, 공장 내에서 작업을 하다가 사고를 당해 사망했지만 그로부터 13시간만에 다시 소생했다.

의사의 사망 진단이 잘못되었던 것은 아닐까? 아니면 신의 도움을 받아 기적이 일어난 것일까?로 화제를 불러일으키고 있었다.

사고가 나던 날은 아침부터 일이 많아 정신없이 공장 안을 뛰어다니고 있었다. 신제품의 테스트를 그날 중으로 끝내야 했기 때문이다. 다섯번째의 테스트가 끝나고 한숨을 돌리고 있을 때였다.

'앗 위험하다!'

크레인에 매달려 있던 철재가 큰소리를 내며 순간적으로 떨어졌던 것이다. 그리하여 크게 바운드하고 난뒤 두 사람의 노무자에게 사고를 입혔다.

나는 콘크리트 바닥에 나동그라져 그대로 의식을 잃고 말았다. 얼마나 지났는지 모르지만 아무래도 희미하게 의식이 돌아왔던 모양으로 의사들이 법석을 떨고 있는 것을 알았다.

이윽고 또 의식이 흐려지기 시작했고, 자기의 몸이 쇳덩어리처럼 무거워졌다고 생각된 순간 솜처럼 가벼워져 붕 떠오르는 느낌이었다. 허지만 의식은 뚜렷하지 않았다. 그대로 상당한 시간이 흐른 것처럼 생각되었다.

이윽고 주위의 것이 선명하게 보이게 되고, 팔다리도 자유롭게 움직였다. 몸은 너무나도 가벼워서 자기의 것이 아닌 느낌이 들었을 정도였다.

눈에 비치는 것은 짙은 안개에 가려진 듯한 풍경인데 어느 것이나 모두 말라죽은 초목 같았고, 주위를 떠도는 공기가 곰팡내가 물씬 풍기는 참으로 싫은 것이었다.

걷는다기 보다는 떠가는 그런 느낌이었지만, 나는 어느덧 돌만이 떼굴거리는 산같은 곳에 이르고 있었다. 자기의 의지와는 관계없이 신체가 움직이고 있었다. 그리하여 산중턱까지 올라갔다.

'앗!'

나는 그만 눈을 가리고 말았다. 빨리 뒹굴고 있는 것은 돌이 아니라 해골바가지였던 것이다. 더욱이 어느 해골이나 모두 커다란 눈을 깜박이고 입을 함께 벌리고서 웃고 있는게 아닌가. 이윽고 해골 하나가 느닷없이 나의 발을 물었다. 달아나려 했지만 아무리 해도 발이 움직여 주질 않았다.

"포르스키씨!"

다른 해골이 큰소리로 나를 불렀다. 그 목소리는 분명히 나와 함께 사고를 당한 동료의 음성이었다.

"어째서 이런 꼴로…"

나는 동료의 해골에 물었지만 그는 아무런 대꾸도 하려 하지 않았다. 다만 눈만이 나를 지그시 쳐다보고 있었다.

나는 발에 달라붙은 해골을 가까스로 떼어버리자 우선 그곳부터 벗어나고자 했다. 그러나 아까와는 달리 마음껏 움직일 수가 있게 되었다.

"포르스키씨, 가서는 안돼요!"

동료의 목소리가 들리자마자 나의 몸은 와락 당겨졌고, 앗! 하는 사이에 짙은 안개와 같은 곳으로 들어갔고, 이윽고 잠이 깨자 살아나 있었다.

유감이지만 동료는 죽은채 다시는 돌아오지 않았다.

정사로부터 살아난 후 다시 자살하다

서독의 에센시에 사는 자코미(26세)군과 구르너(23세)양의 두 사람은 남들도 부러워하는 연인 사이였다.

두 사람은 5년 전부터 교제를 시작하여 자코미가 운전면허시험에 합격하면 결혼을 하기로 약속되어 있었다.

두 사람은 보수적인 성격을 가진 젊은이로서 결코 난잡한 교제는 하고 있지 않았지만, 쌍방의 부모가 쉽사리 두 사람의 결혼에 찬성을 해주지 않았다.

부모들은 본인의 의사를 무시한 것처럼 따로 따로의 결혼 상대를 찾았고, 억지로 식을 올릴 것을 강요했다. 두 사람은 적극적으로 자기들 주장을 폈고, 부모를 이해시키려고 했지만 여자 쪽에는 어쩔 수 없는 사정이 있었다.

그것은 구르너양을 원하는 사내가 아버지가 다니는 회사의 중역 아들로서 구르너가 시집을 오면 아버지의 정년도 연장된다는 조건이 붙어 있어 아버지는 그 점에 큰 매력을 느끼고 있었다.

한편 자코미 쪽도 상사 부인의 소개라서 아버지는 크게 마음이 쏠리고 있었다. 확실히 대학을 좋은 성적으로 졸업한 미인으로서 꽤나 유산도 갖고 있어 구르너보다 조건이 좋았다.
　두 사람은 각각 자기들의 결혼에 반대했지만 부모들이 혼담을 추진했고, 마침내 예식의 날짜까지 정해 버렸다. 그러나 두 사람의 사랑은 더욱 굳었고 아무래도 헤어질 수가 없었다.
　"할수 없다. 죽어서 행복해지자."
　두 연인은 의논한 끝에 마침내 마음을 작정했다. 두 사람은 이 세상에서 맺어지지 않는다면 저 세상에서 둘만의 행복한 생활을 하리라 결심했다.
　그로부터 몇일 후 두 사람은 저승길의 허니문에 어울리는 의복을 준비한 후 조용히 증발했다. 그리하여 두 사람은 정사의 장소로 늘 동경하던 웨림호수를 찾았고, 호반의 호텔에 가명으로 투숙했다.
　두 사람은 아무도 축복해 주지 않는 속에서 둘만의 결혼식을 올렸고, 하룻밤 이 세상의 달콤하고 격렬한 부부 생활을 한 후 수면제를 나누어 복용했다.
　'저 세상에서 행복하게 살자!'
　두 사람은 약을 먹고 나자 추억의 노래를 콧노래하면서 꼭 끌어 안은채 잠이 들었다.
　1967년 4월 20일 오후 11시가 지나서의 일이다. 그런데,
　"구르너, 정신이 들었니?"
　정사를 꽤하고서 29시간만에 구르너는 병원의 침대에서 의식을 되찾았다.
　"자코미는?"

구르너는 간호하는 어머니에게 자코미의 행방을 물었다. 어머니는 말없이 고개를 옆으로 저었다. 호텔의 보이가 정사한 두 사람을 발견했을 때 자코미는 이미 사망했고, 구르너만이 신음을 하고 있었다.

구르너는 거의 반나절을 울고 있었지만, 보고 온 저 세상의 이야기를 띄엄 띄엄 하기 시작했다.

두 연인은 행복한 모습으로 나란히 함께 걷고 있었다. 이미 누구에게도 방해를 받지 않고 둘만이 즐겁게 살 수 있는 기쁨으로 가슴이 뿌듯했다.

두 사람이 걷고 있던 것은 아주 추운 돌멩이 뿐인 언덕과 같은 곳이었다. 가느다란 외길이 아득한 저편까지 이어져 있었지만 그 길에는 두 사람 이외의 사람의 그림자는 없었다.

심한 추위로 부터 몸을 지키기 위해 두 사람은 몸을 바짝 붙여 가며 그 길을 한참이나 걸어 갔다.

이윽고 한 여성과 한 남자의 모습이 보였다. 그것은 동양적이고 게다가 신비적인 차가운 느낌의 아름다운 여성과 주먹코에 왕방울 눈과 입이 귀까지 찢어진 괴물과 같은 사나이였다.

"구르너, 이리로 와요."

두 사람이 다가서자 미녀가 느닷없이 구르너의 팔을 움켜 잡았다. 거인 사내는 자코미의 팔을 움켜 잡았고, 두 사람을 떼어 놓으려고 했는데, 자코미는 아무런 저항도 하지 않고 사내와 함께 동쪽으로 가버렸다.

구르너는 자코미 쪽을 돌아보았지만 그 모습은 금방 보이지 않게 되었다.

"어째서 우리들을 떼어 놓는 것이지요?"

구르너는 여자에게 항의를 해보았지만 여자는 쌀쌀한 눈을 보낼 뿐 아무런 대꾸도 하지 않았다.

어느덧 구르너는 하늘이 머리 위로 덮쳐오는 듯한 새빨갛게 불타는 사막과 같은 곳을 여자에게 손을 잡힌채 걸어 갔다. 사막은 점차로 땅속에 들어가게끔 되어 있고, 이윽고 캄캄한 곳에 이르렀다. 구르너의 팔을 잡고 있던 여자의 손이 구르너의 두 어깨를 누르며 꿇어앉게 했다.

"나쁜 여자, 채찍 50대다."

어둠 속에서 남자의 목소리가 들리고 반짝반짝 번뜩이는 채찍이 구르너의 몸을 때리기 시작했다. 그러나 구르너의 눈에는 채찍을 휘두르는 것이 어떤 모습인지 보이지 않았다.

채찍은 구르너의 살갗에 파고 들었으나 이상하게도 아픔은 없었다. 그러나 50대가 끝났을 때 구르너는 축 늘어져 있었다.

"이것을 마셔요."

아까의 여자가 손바닥부터 차가운 물과 같은 것을 구르너의 입에 흘러 넣어 주었다. 그것은 아무런 맛도 없는 것이었으나 처음으로 마셔 보는 매우 차가운 물이었다.

그런데 그 물을 마신 순간 구르너의 몸은 불타기 시작했고, 후끈 후끈 몸이 따뜻해졌다. 그리하여 몸 전체가 나른해졌다. 그것은 마치 자코미와 처음으로 갖는 부부로서의 성행위 뒤와 같은 느낌이었다.

그리하여 의식이 흐려지고 다시 깨닫고 보니 병원의 침대에서 소생하고 있었다. 구르너의 소문에 저널리스트들이 벌떼처럼 몰려 왔다. 그녀는 몇번이고 보고 온 저 세상의 광경을 질문받고 같은 말을 반복해야 했다.

구르너는 그 뒤 집에서 줄곧 감금상태로 갇혀 있었는데, 1967년 8월 7일 자살을 결심, 마침내 돌아오지 않는 사람이 되었다.

귀여워하던 고양이에 구원되다

"죄송하지만 이제 끝났습니다."

토미(15세)양의 심장이 멎은 것을 확인한 의사는 나직한 목소리로 또렷이 말했다.

다음 이야기는 1966년 11월 18일, 미얀마 바렉스시에서 일어난 일이다.

사고가 나던 날 아침에 토미양은 오빠가 운전하는 트럭에 태워달라고 해서 학교에 갔다. 회사에 근무하는 오빠는 매일 아침 짐을 실러 가면서 토미를 학교까지 태워다 주었다.

그런데 도중에 옆길에서 달려 나온 대형 트럭에 받쳐 토미양은 도로에 나가 떨어졌고, 온몸이 만신창이가 되어 병원으로 옮겨졌다. 그리하여 가족이 달려온 뒤 얼마 되지 않아 토미양은 숨을 거두고 말았다.

"토미, 용서해다오!"

토미의 오빠는 마치 자기가 누이동생을 죽게 한 것처럼 한탄하고 괴로워했지만 어쩔 수 없는 일이었다. 그리하여 드디어 가족의 애통 속에 토미양의 장례식이 치뤄지게 되었다. 학교 친구들이 전송하는 가운데 시체를 넣은 관은 근처 동산 위에 있는 묘지로 운반되었다.

　스님의 독경이 행해지고 있을 때였다. 비구름 하나없이 맑게 개인 하늘에서 돌연 번개가 치며 근처에 벼락이 떨어졌다.

　천둥소리에 놀라 피했던 사람들은 벼락이 그치자 다시 모였고 다시금 스님의 독경이 시작되었는데, 이번에는 관속에서 두드리는 소리와 살려달라고 애원하는 사람의 목소리가 들렸다.

　"토미다!"

　오빠와 부모는 관으로 달려가 서둘러 관 뚜껑을 열었다. 그러자 관 속에서 새하얀 수의를 입은 토미양이 벌떡 일어나는 게 아닌가. 이 이상한 소생은 가족은 물론이고 스님이나 장례식에 모인 사람들도 모두 놀랐고, 한동안 말문도 잊고 있었다.

　"난, 나나가 살려 주었어요."

　토미양이 살아난 것 자체의 그 이상함에 눈을 둥그렇게 뜨고 있던 가족들은, 수년 전에 죽은 고양이에 의해 살아났다고 하며 보고 온 저 세상의 광경을 얘기했을 때 다만 어안이 벙벙할 뿐이었다.

　토미양은 풀도 나무도 없는 절벽과 같은 산을 몇개나 넘었다. 살아있을 때의 토미로선 도저히 오를 수 있는 산이 아니었지만 아주 몸이 가볍고 조금도 힘들지 않았다.

　토미양의 앞에도 뒤에도 많은 망인이 행렬을 짓고 묵묵히 산을 올랐다가는 내려가고 있었다.

　몇개째의 산을 내려갔을 때 그곳에는 폭이 넓은 강이 있었는데 물이 말라붙어 있었다. 그리하여 그 강에는 괴물과 같은 모습을 한 인간인지 동물인지 분간하기 어려운 나루터지기가 서 있었다. 나루터지기는 강가에 도착한 망인(亡人)들에게 커다란 독에서 물을 떠서 먹이고 있었다.

이상한 일은 나루터지기로부터 물을 얻어 마신 망인들이 별안간 나는듯이 냇물을 건넜고, 금새 그 모습이 보이지 않았다.

드디어 토미양도 앞으로 몇 사람만 지나면 차례가 돌아올 때였다.

"토미 아가씨. 이리로 오세요."

돌연 부르는 소리가 들렸으므로 토미는 행렬에서 빠져나왔다. 주위를 꺼리는 듯한 그 소리가 토미를 커다란 바위 뒤로 불러들였다.

"누구시죠?"

토미가 목소리의 임자를 찾았을 때였다. 바위 아래쪽에서 새하얀 것이 뛰어 나왔는데, 토미는 그것을 보았을 때 그만 소리를 지르고 말았다. 놀랍게도 그것은 토미가 평소에 귀여워했던 흰고양이 나나였다.

토미는 반가운 나머지 나나를 안아 올리려고 했지만 어쩐 셈인지 그 무게가 바위처럼 무거웠다.

"아가씨, 자 빨리 돌아가세요. 이것은 아가씨의 귀염을 받은 저의 은혜 갚음이죠."

나나는 사람의 말처럼 속삭였다. 토미가 놀라며 어떻게 사람 말을 하느냐고 물었더니 나나는 웃으면서 사후세계에 오

게 되면 그것이 인간이든 동물이든 모두 이 세계의 말로 하기 때문에 통하지 않는 상대는 없다고 했다.

그 흰고양이는 토미가 여덟살 때 누구에게 맞았는지 발에서 피를 흘리고 죽어가는 것을 주워다가 치료를 해주고 마치 자기 동생처럼 귀여워 하며 키웠던 것이다. 그런데 2년 전 알 수 없는 병에 걸려 토미의 간호도 보람없이 죽고 말았던 것이다.

"아가씨, 빨리 갑시다!"

나나는 앞장을 서며 걷기 시작했다. 그 길은 아까 토미가 지나 온 살풍경인 것과는 달리 진기한 초목이 우거지고 초원으로 뚫린 길이었다. 도중에 토미는 나나에게 몇번이고 말을 걸었지만 웬일인지 고양이는 대꾸하지 않았다.

'안녕히 가세요. 아가씨! 이제는 이곳에 오시면 안돼요.'

나나는 초원이 끝나고 흰 모래가 갈린 곳에 이르렀을 때 비로소 말을 했고, 모습을 감추었다.

나나의 모습이 사라졌을 때 토미의 몸은 무언가 강한 충격을 받아 그 자리에 쓰러졌다.

"다시 깨닫고 보니 관속에 있었어요."

지금 토미양은 건강한 몸으로 학업에 열중하며 살아가고 있다.

PHOTO.REPORT

제 *3* 부
8개의 지옥

등활지옥(等活地獄)

'등활'이란 한번 죽더라도 또 살아 돌아간다는 의미다. 이곳은 생전에 생명있는 것을 죽인 자들이 떨어지는 지옥이다.

함부로 살생을 많이 하면 이 등활지옥에 떨어지며 살생업의 정도에 따라 그가 받는 괴로움도 상·중·하 3가지로 나누어 받게 된다.

이곳 지옥에 떨어진 자들은 서로 죽이면서 살육의 고통을 맛보기도 한다. 그렇지 않은 자들은 옥졸들이 쇠몽둥이로 머리부터 발끝까지 때려 가루로 만들어 버리기도 한다.

흑승지옥(黑繩地獄)

살인이나 살생을 했거나 좋은 설법을 따르지 않고 병자에게 약을 잘못 투여하여 고통을 받게 하였거나, 탐욕에 사로 잡혀 사람을 죽이고 먹을 것을 빼앗아 배를 굶주리게 한 자들이 떨어지는 지옥이다.

지옥의 사자는 죄인을 잡아 뜨거운 지면에 눕히고 무쇠의 흑승[먹줄 : 재목을 다룰 때 목수가 쓰는 도구]으로 몸에 가로세로 줄을 친다. 그 먹줄을 따라 톱질을 한다.

잘게 토막을 만들고 공중에 뿌리면 그 뼈나 살토막은 땅을 기어 다니며 이음매를 찾고 울면서 본래의 몸으로 돌아간다고 한다.

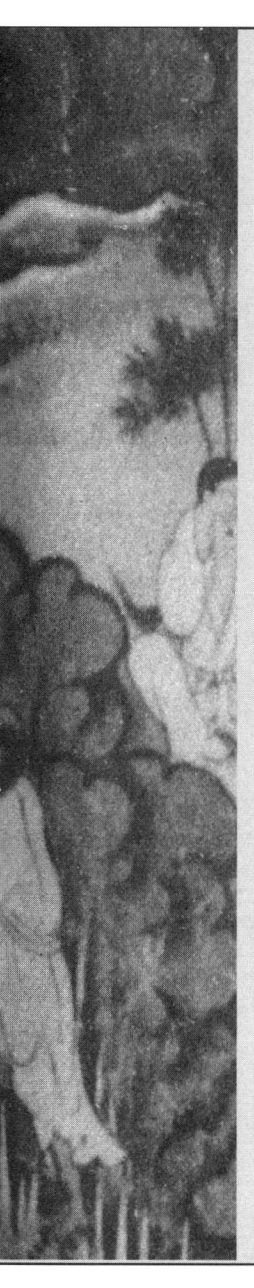

중합지옥(衆合地獄)

이 지옥은 흑승지옥의 아래에 위치하고 있다. 주위는 깎아지른 무쇠의 산들이 둘러싸고 죄인은 그 사이를 사자들에게 쫓겨다닌다. 이 지옥의 사자는 말이나 소, 기타 갖가지 동물 모습을 가졌다.

또한 이 지옥은 사람을 죽였거나 도둑질을 했거나 음행을 저지른 자들이 떨어진다. 이 지옥에는 철로 만든 아주 커다란 형태의 철 그릇에 죄인을 집어넣고 빻아 가루로 만들기도 한다.

또한 불에 벌겋게 달은 뜨거운 철구에서 고통을 받고 큰 강의 물은 구리가 녹은 쇳물로서 그 뜨겁기가 말로 형언할 수 없을 정도이다.

규환지옥(叫喚地獄)

이 지옥은 한 단계 낮은 지옥이다. 주로 살생, 도둑질, 음행 등 죄를 진 자들이 떨어지는 지옥이다.

규환지옥은 고통을 참지 못하고 울부짖는 소리를 뜻하는데 전쟁의 참상 등 차마 눈을 뜨고 볼 수 없을 정도의 처참한 상황을 아비규환이라고 하는데 원래 아비나규환이다.

규환지옥에서는 죄인들이 물이 끓는 가마솥에 들어가기도 하고, 뜨거운 쇠집안에 들어가 죽음 직전의 고통을 참느라 울부짖는 곳이기도 하다.

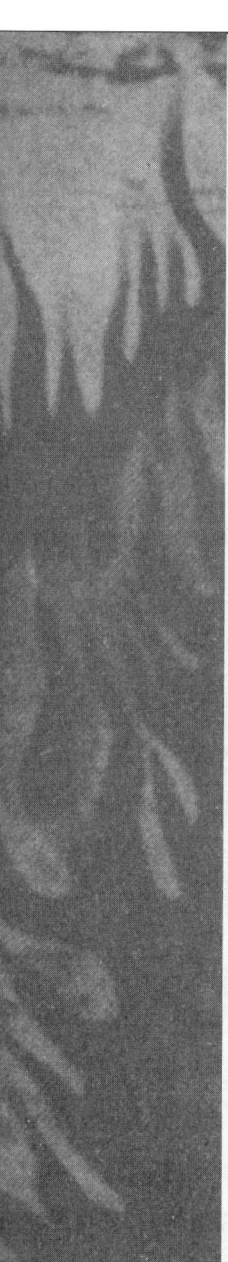

대규환지옥(大叫喚地獄)

이곳은 앞의 규환지옥보다 열배나 무거운 형벌의 지옥이다.

사람을 죽였거나 도둑질, 음행을 저질렀거나 술을 많이 먹고 나쁜 짓을 했거나 거짓말을 일삼아 선량한 사람에게 피해를 준 사람들이 떨어지는 곳이다.

이같은 죄를 지은 자들의 혀는 다른 사람들의 혀에 비해 긴데 그 긴 혓바닥에다 끓는 구리 쇳물을 붓거나 쇠뭉치로 짓이기고 가루를 내기도 한다.

이곳에서 받는 고통은 차마 말로 표현할 수 없을 정도로 엄청나 참아내기가 어렵기 때문에 대규환지옥이라고 한다.

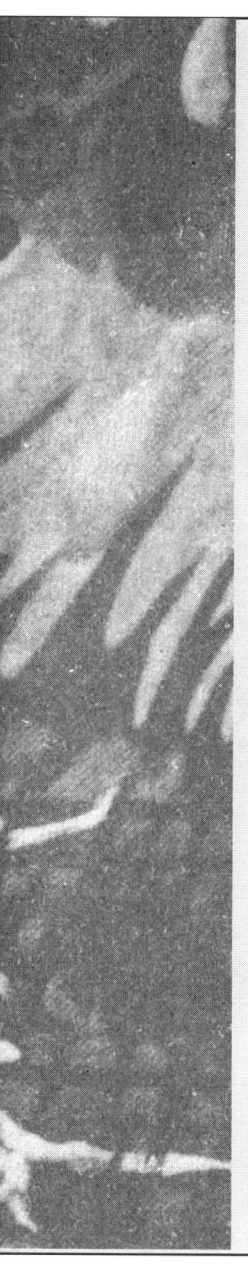

초열지옥(焦熱地獄)

이 지옥에서의 괴로움은 대규환지옥보다 10배나 더하다. 이곳은 불효자가 떨어지는 곳으로서 자살자나 자살을 부추긴 자들이 떨어진다.

초열지옥이란 말 그대로 죄인들을 태워버리는 곳이다. 옥졸이 죄인들을 끌어다가 빨갛게 달군 쇠가마솥에 떨어뜨린다.

그 뜨거운 불길로 죄인을 태우고 구워 가죽과 살이 익어 터져버린다. 끝없는 고통과 쓰라린 아픔이 동시에 몰아칠 때 누군가가 다가와 이곳에 연못이 있어 물을 마시고 원수가 있다고 전하는 말을 듣고 연못으로 뛰어들면 그 안은 불길로 차 있어 그 고통은 더욱 심하게 된다.

대초열지옥(大焦熱地獄)

대초열지옥은 초열지옥보다 10배나 뜨거운 지옥이다.
살생과 도적질, 강간, 여승이나 성직자들을 성행위나 괴롭힘을 준 자들이 떨어지는 지옥으로서 죄인을 불에 태운다 하여 초열지옥이라고 한다.
이 지옥 한가운데 큰 불구덩이가 있어 맹렬하게 불길이 타고 있으며 그 양쪽 언덕에는 커다란 화산이 있는데 뜨거운 용암이 흘러 넘치고 옥졸들이 죄인을 잡아다 쇠꼬챙이에 꿰어 타오르는 불길 속에 넣어 죄인의 몸을 태우거나 굽기도 한다. 마침내 죄인은 살이 익어 터지거나 타서 재가 되기도 한다.

아비지옥(阿鼻地獄)

아비지옥 또는 무간지옥(無間地獄)이라고도 한다.
이 지옥은 8대 지옥 중에서 가장 깊은 곳에 있는 지옥으로서 사방의 문에는 칼날같은 송곳니를 가진 옥졸들이 지킨다. 그들은 털구멍에서 불을 내뿜고 연기를 내뿜기도 하는데 이로 인해 호흡도 곤란하다.
이 지옥은 승려로서 계율을 어긴 자이거나 부처님을 욕한 자, 불상이나 불경을 훼손한 자, 그리고 강간이나 부모를 죽인 패륜아들이 빠지는 지옥이다.
옥졸이 죄인의 가죽을 벗기고, 그 벗겨진 가죽으로 죄인의 몸을 묶어 불수레에 실어 훨훨 타는 불속에 죄인을 집어넣어 몸을 태우며, 야차들이 큰 쇠창을 달구어 죄인의 몸을 꿰거나 입, 코, 배 등을 꿰어 공중에 던진다고 한다.

제 **4** 부
나의 전생은 누구인가?

나는 로브가 아닌 도빌이다

 1968년 10월 15일, 몽골공화국의 초이발산이라는 시립병원에서 13세의 로브라는 소년이 죽었다.
 소년은 보름 전부터 원인 불명의 병에 걸려 있었다. 몇 사람의 의사가 소년을 진찰했지만 병명은 커녕 원인도 모르는 채 부모가 지켜보는 가운데 사망했던 것이다. 유해는 곧 부모의 희망대로 자택으로 옮겨졌다.
 유해를 실은 차가 집에 도착하고 들것에 실려 현관을 지나려 할때 들것의 곁에 붙어 떨어지지 않았던 아버지가 느닷없이 '앗' 하고 비명을 질렀다. 가슴 위에 손이 모아져 있던 망자(亡子)의 손이 흰천 아래서 움직이고 있었던 것이다.
 병원에서부터 따라 온 의사가 놀라 유해를 덮은 흰 천을 벗기자 의사로서의 침착성과 전혀 믿어지지 않은 사건에 직면한 인간의 놀라움을 갖고서 소년의 맥을 짚어 보고 심장에 귀를 대어 보았다. 순간 의사는 소스라치게 놀라고 말았다.
 병원의 침대 위에서 심장의 활동이 완전히 정지되고, 뇌파도 사라져 생명 기능을 고스란히 잃어 사망했을 터인 소년의 심장이 분명히 다시 활동을 시작하고 있었던 것이다.

　아버지가 들것 위에서 벌떡 일어나고 주위를 두리번거리며 둘러보고 있는 소년을 끌어안고 기쁜 눈물을 흘렸다. 이리하여 소년은 죽은 지 50분만에 이 세상에 다시 살아났던 것이다. 그러나 사후 몇시간인가 있다가 소생한다는 현상은 곧잘 기록에 남기져 별일도 아니지만 사태는 뜻밖의 방향으로 진행되었다.

　기쁨에 넘친 아버지에게 포옹되다시피 집으로 들어간 소년은 마치 처음인 집을 방문하고, 처음인 사람과 만난 듯한 표정을 짓더니,

　"당신들은 누구세요?"

제4부 나의 전생은 누구인가?

라고 아버지를 쳐다보며 물었다. 그 말투나 얼굴 표정에도 정말로 이상해 하는 느낌이 길들여져 있었으므로 아버지는 등골이 오싹한 느낌이 들었다.

아버지는 이런 아들의 모습을 보다가 꾸짖듯이 소년이 자기의 아들임을 설명했지만 소년은 차분하게 그것을 부정하며,
"나는 로브가 아니예요. 내 이름은 도빌이예요."
라고 대답했다.

의사는 로브 소년이 죽었을 때 무언가의 정신적 충격이거나 혹은 소생시의 쇼크로서 정신에 혼란을 가져온 게 아닐까 하며 의심했다. 그래서 의사는 의사로서의 냉철함으로 소년에게 그가 1시간쯤 전에 병원의 침대에서 원인불명의 병때문에 사망했음을 자세히 설명해 주었다. 그랬더니 소년은 그 말을 믿으려 들지 않았다.

"나는 병같은 것으로 죽은게 아니야. 나는 아버지에게 죽임을 당했어."

여기에 이르러 양친은 이 살아난 아들이 도빌이라는 낯선 소년의 환생이라고 생각하지 않을 수 없었다. 다만 의사만은 근대의학에 종사하는 사람으로써 소년의 말을 그대로 받아들일 수는 없었다. 그럼에도 소년의 이야기에 귀를 기울이지 않을 수 없을 정도로 소년의 말에는 강한 힘이 있었다.

소년의 말에 의하면, 도빌의 어머니는 1년쯤 전에 병으로 사망했다. 아버지는 처음에는 도빌을 돌보기도 했는데 얼마 후 부터는 1주일이고, 10일이고 집에 들어오지 않는 날들이 계속되었다.

그런 생활이 수개월이나 계속되었을 때 아버지가 젊은 여자를 데리고 왔다. 그날부터 세 사람의 생활이 시작되었다. 그러나 도빌은 그 젊은 계모를 따르지 않았고, 계모 쪽도 도빌을 몹시 싫어하여 남편을 고민스럽게 만들었다. 그리하여 아버지와 계모의 사이에 도빌의 일로 해서 싸움이 그치질 않았다.

그런 어느 날 아버지가 드물게도 도빌을 말 달리기에 데리고 갔다. 도빌은 너무도 기뻐하며 아버지 앞쪽에 타고 질주하는 말 위에서 기쁨의 웃음소리를 냈다. 아버지는 말없이 말에 채찍질을 가했다. 말은 더욱 더 속력을 냈고 숲속을 총알처럼 달려 갔다.

갑자기 도빌은 아버지의 큰 손이 자기의 뒷덜미에 힘껏 움켜 잡는 것을 느꼈다. 동시에 아버지의 손은 뜻밖에도 도빌을 말 밑으로 떨어뜨렸다.

순간 도빌은 머리를 땅바닥에 처박고 말았다. 그리하여 희미해지는 의식 속에서 아버지의 말이 돌아서며 자기의 몸을 짓밟는 것을 느꼈다.

"그뿐, 기억이 없어."

그 이야기는 곧 경찰에 알려졌다. 경찰은 곧 도빌 소년이 말하는 장소에 조사관을 보냈는데, 확실히 소년의 말 그대로의 집이 존재했다. 그러나 도빌의 아버지는 느닷없는 조사관의 방문에 놀라면서도 도빌은 어디까지나 말에서 떨어져 죽었다고 주장했다. 그러나 도빌의 무덤이 발견되고, 소년의 시체가 발견되자 아버지는 모든걸 자백했다.

이 사건에 관하여 몽골의 심령학자 자키로 박사는 다음과 같은 논평을 하고 있다.

"로브군과 도빌군의 사망 시각은 거의 일치되고 있었던 것이다. 그리하여 자기를 죽인 아버지에게 강렬한 증오를 갖는 도빌군의 영은 죽어도 눈이 감기지 않아 때마침 같은 무렵에 죽은 로브군의 육체에 옮겨붙어 살아났으리라. 이번의 사건은 영의 존재를 증명하는 것이고, 원한을 갖고 있는 영은 반드시 무언가의 형태로 상대에게 복수하는 법이라는 좋은 예이다.

이것과 비슷한 사건이 이탈리아 북부의 빈촌 스벨라니나 마을에서도 일어났다.

때는 1967년 6월 27일, 마을 광장에서 다수의 목격자가 보는 가운데 백주에 일어났다. 광장에서 놀고 있던 라고이라는 소년이 돌연 아무런 원인도 없이 정신을 잃고 쓰러졌다.

소년은 곧 구급차로 병원에 옮겨지게 되었고, 모든 치료를 받았지만 좀처럼 의식이 회복되지 않았다. 의사들은 소년이 쓰러진 원인도 적절한 조치도 모르는 채 고개를 갸웃했지만 47시간만에 소년은 의식을 되찾았다.

부모들은 기뻐하고 소년을 끌어 안았지만 소년의 입에서 나온 말과 목소리에 부모는 경악했다.

"라고이라고요? 나는 켄제이예요. 라고이는 알지도 못해요."

분명히 여자아이 목소리였다. 자기의 아들이 장난이나 농

담도 아니고 극히 자연스레 여자아이 목소리를 내는 것을 보고서 부모 쪽이 정신을 잃을 정도였다.

　부모들은 물론이고 의사들도 소년이 머리에 이상을 가져온 것이라 생각하고 정신분석의가 동원되었다. 하지만 소년은 극히 정상으로 자기의 신분을 주장했다.

　소년의 말에 의하면, 그의 아버지는 5년 전에 사망했고, 어머니의 이름은 R. 미제라는 이름인데 오빠, 언니와 함께 뽀스또끄 마을에 살고 있다고 했다. 그런데 불행한 일로 의사도 양친도 뽀스또끄 마을이라는 이름은 들어본 적도 없고 따라서 소년의 주장은 믿을 수가 없었다.

　하지만 그래도 뽀스또끄 마을에 빨리 돌아가고 싶다며 소년이 끈질기게 주장했으므로 부모들은 시험삼아 그런 마을이 있는지 찾아보기로 했다. 그리하여 놀랍게도 스벨라니 마을에서 2백킬로나 떨어진 곳에 그런 마을이 실재하는 것을 알게 되었다.

　그럼에도 부모들은 반신반의했지만 어쨌든 소년을 데리고 뽀스또끄 마을을 찾아갔다. 마을에 도착하자 소년은 낯익은 것처럼 한 채의 집으로 들어 갔다. 그리하여 그 집의 주부인 듯 싶은 중년 여성을 향해,

"마마, 제가 왔어요."

라고 하더니 여자 아이가 어머니에게 응석하듯 이것 저것을 지껄이기 시작했다.

　소년의 부모도 놀랐지만 그 집의 주부와 두 남매는 더욱 놀랐다. 그 집에선 6월 27일 라고이 소년이 광장에서 쓰러진 것

과 같은 무렵 켄제이라는 막내딸이 죽고 있었던 것이다.

그 후에 켄제이의 어머니와 그 남매들이 증언한 바에 의하면 소년의 목소리도 켄제이와 꼭 닮았다고 했다. 그리고 켄제이의 아버지는 소년의 말처럼 5년 전에 죽고 없었다.

이 사건에 관하여 이탈리아의 저명한 심령학자 로봇 박사는 다음과 같이 말했다.

"죽은 소녀의 넋이 가사상태였던 소년의 몸에 잘못 들어갔던 것이다. 이것은 일종의 심령현상으로 볼 수밖에 없다."

전생이 디자이너였던 어느 선원

이집트의 알렉산드리아 항에 화물을 내린 유고슬라비아 화물선 '평화호'는 지중해 이오니아 바다를 항해하고 있었다.

갑판에선 몇명의 선원이 작업을 하고 있었는데 노보트니가 로우프에 발이 걸려 앗! 하는 순간에 바다에 떨어지고 말았다. 그리하여 가까스로 배에 끌어 올려졌을 때는 차가운 시체가 되어 있었다.

배에 근무하는 의사가 노보트니의 유해를 알콜로 닦아주고 있을때 돌연 노보트니의 유해가 움직이기 시작하더니 기지개를 켜며 두 눈을 뜨면서 일어났다.

옆에서 이를 지켜 본 의사는 물론이려니와 달려 온 선장도 깜짝 놀랐고, 그의 기적적인 소생을 기뻐하며 말을 걸었지만, 노보트니는 마치 낯선 사람을 처음 보듯 한동안 넋을 잃고 있었다. 그리고 이윽고,

"당신들은 누구십니까?"

하며 프랑스어로 물었다.

선장은 노보트니의 머리가 이상해졌다 싶었고, 의사에게

검사해 보라고 말했다. 그러나 노보트니는 그것을 거부하며 말하는 것이 아닌가.

"나는 프랑스의 디자이너로서 '포스 드레이'라고 합니다. 빨리 집에 돌아가야 합니다. 내일 나의 신작 발표회가 있어요."

이리하여 노보트니가 소생한 순간 프랑스인의 포스 드레이로 바뀌고만 이상한 사건이 발생했던 것이다.

선장은 곧 디자이너 중에 드레이란 인물이 있는가를 알아보았다. 헌데 몇년 전 같은 이름의 디자이너가 교통사고로 사망한 적이 있음을 알게 되었다.

이 소생은 타인의 육체를 빌린 것으로서 '전생'이라고 한다.

인도에선 예로부터 '윤회사상'이 있어 '전생'이니 '환생'이니 하며 인간이 사후 인간 또는 동물로 다시 태어난다는 믿음이 있지만 '환생'인 동물의 경우는 동물세계의 일이라서 확인된 예는 없었다.

시체에 빙의한 원혼령

 대만에서도 이상한 전생의 현상을 보인 여성이 있었다. 이 여성에 관해서는 대만과 홍콩의 신문을 통해 대대적으로 보도했으므로 당시로선 유명한 사건이었다.
 대만 중부의 운림현 맥료촌이라는 곳에 사는 토건업자 오추득씨의 부인 임강요(40세)씨는 수년간 원인불명의 병으로 고생하고 있었다. 남편은 각지의 명의를 불러 어떻게든지 아내의 병을 고쳐 주고자 노력했다. 그러나 도무지 효험이 없었고, 병명조차 제대로 판명되지 않은 채 병세는 더욱 악화될 뿐이었다.
 1961년 4월의 어느 날 임부인은 숨을 거두고 말았다. 그러나 이윽고 죽었던 부인이 갑자기 벌떡 일어나더니,
 "나는 억울한 죽음을 한 금문도에 사는 주수화(19세)란 자로서 나의 혼백이 방금 숨을 거두신 임부인 시체를 빌려 되살아난 거예요."
하고 말하는 게 아닌가.
 옛날부터 중국에 전하는 '차시환혼(借屍還魂)'이란 고사성

어는 알고 있었지만, 그것이 실제로 더욱이 자기 아내의 시체를 빌려 전혀 엉뚱한 타인의 넋이 살아났다 했으므로 오추득은 놀라서 그만 말도 못하고 털썩 주저앉고 말았다. 그러나 침착을 되찾은 오추득은 아무래도 믿어지지가 않아 의사를 불러 조사를 부탁했다.

그런데 이상한 일은 중병이었던 아내의 몸에는 아무런 병도 없고, 더욱이 정신에도 이상이 없는 건강한 인간임을 알게 되었다. 그리하여 그날부터 그녀는 가족이나 이웃사람들이 '강요부인'이라고 부르거나 하면 '나는 강요가 아니고 수화예요'라고 단호히 부정했을 뿐만 아니라 주위의 사람이 모두 모르는 사람이라고 하므로 늙은 임강요의 친정 어머니를 슬프게 만들었다. 더욱이 그녀가 사용하는 언어는 금문도 사투리가 짙은 '복건어(福建語)'였다.

금문도는 대만과 중국 본토 사이의 대만해협에 위치해 있으며 냉전시대에는 본토가 가깝기 때문에 대만과 중국의 포격전이 벌어진 곳으로 유명하기도 하다. 아무튼 현대판 '차시환혼'의 화제는 곧 대만 전역에 퍼졌고 저널리스트들이 몰려왔다.

모 방송국 기자는 그 신빙성을 확인하기 위해 금문도에서 갓 건너온 섬 사정에 밝은 웅기명이란 사내를 앞세우고 그녀를 찾아가 인터뷰를 했다.

임강요의 육체를 빌려 되살아 난 주수화는 금문도 방언으로 섬의 풍속과 관습부터 작은 골목길의 광경까지 상세히 말했는데 그것은 모두 사실과 일치되고 그곳에 다년간 생활한

자가 아니면 모르는 일이었다. 그리고 그녀는 저 세상에서 재생한 경위를 다음과 같이 말했다.

국부군(장개석 군대)과 중국의 포격전이 한창이던 1959년 가을, 당시 금문도에 사는 주민은 날로 격렬해지는 중국군의 포격으로 불안에 떨고 있었는데, 국부군의 금문도 철수라는 소문이 나돌아 완전히 들떠 있었다.

금문도 유일의 번화가인 신가(新街)에서 금은방과 광목의 도매상을 하고 있던 그녀의 아버지가 주청도 중국군의 금문도 기습공격이 얼마 남지 않았다는 뉴스에 이제는 할 수 없다고 체념하고 탈출을 위한 선박을 찾기에 혈안이 되었다.

해안에는 피난민들로 아우성이었다. 그리하여 어느 날 가까스로 한척의 어선을 구한 주청의 일가는 피난민과 앞을 다투어 가며 배에 올랐다. 그런 틈바구니에서 그녀는 부모와 떨

어지고 다른 배에 올랐던 것이다. 이리하여 이것이 부모와 영원한 작별이 되었던 것이다.

 그녀의 슬픔은 아랑곳도 없이 이 어선은 포화로부터 벗어나 대만해협으로 나갔으나 도중에 선로를 잘못 잡았는지 목표한 대만에는 좀처럼 도착하지를 못하고 해상에서 표류하기를 일주일, 가까스로 대만 중부 운림현 맥료촌 부근의 해풍도까지 떠밀렸다.

 그리하여 어부에게 발견되었을 때는 빈사상태의 그녀를 제외하고는 배안의 피난민은 모두 굶주림과 추위로 사망하고 있었다. 그러나 구사일생한 그가 기뻐한 것도 잠깐으로서 피난민과 함께 있었던 다량의 금괴를 발견한 어부는 금괴를 착복했다.

 그리하여 입막음을 위해 유일한 생존자였던 그녀를 냉혹하게도 방치한채 배를 다시 해상으로 밀어냈던 것이다. 이 때문에 그녀는 마침내 원한에 사무친 죽음을 맞았던 것이다.

이리하여 원령이 된 주수화의 넋은 해풍도에서 방황하기를 수개월, 때마침 섬으로 공사를 하러 왔던 오추득씨를 따라 와서 죽어가는 임강요 부인에게 들러붙고 다시 '인간'이 되었다. 임강요의 시체를 빌려 자생한 주수화는 그 뒤 오추득의 집에서 가사를 도우며 오래도록 살았다.

집념으로 다시 살아난 여실업가

 죽은 인간이 다른 사람의 육체나 새로운 생명으로 다시 전생(轉生)한다는 사실을 생각해 보자.
 일본에도 구지 레이운씨 등 몇명의 영능력자에 의해 '아마쿠사 시로[풍신수길이 죽고 그 아들이 멸망된 후 그 유신들이 큐슈의 시마바라에서 아마쿠사 시로라는 소년을 맹주로 하여 난을 일으켰다. 그는 천주교 신자로 이때 수만명의 신자가 학살되었다]의 전생이라고 판단된 TV 탈랜트 마루야마 아끼히로가 있다.
 또한 유명한 작가였던 미시마 유끼오가 언제 어디서 어떤 형태로 전생해 오느냐 하는 것이다.
 티벳의 생불 달라이라마는 세계에서 가장 유명한 전생인간이다. 아무튼 3백 수십년간 달라이라마는 전생을 계속하고 삶을 잇고 있는 것이다.
 한 사람의 달라이라마가 육체적으로 멸망한 뒤 다음의 달라이라마가 전생에 의해 출현하고 있는 것이다.
 나는 태국의 방콕에서 놀랄만한 전생의 사실을 목격했다.

'전생한 소녀가 있다!'

안내를 맡았던 남자가 정보를 가지고 왔다. 이야기를 들어보니 전생으로서도 매우 진기한 것이었으므로 곧 찾아가 보기로 했다. 전생한 소녀가 살고 있는 곳은 방콕시 변두리의 돔부리라는 곳이었다.

"아버지를 만나지 않으면 자세한 것은 모른다."

그래서 방콕 시내에 있는 큰 마켓에 들렸지만 나에게 행운인 것은 아버지가 소녀한테 가 있다는 것이었다.

나는 안내와 함께 택시를 달렸다. 만일 엇갈리게 되면 시간의 낭비일 뿐 아니라 만날 수 없는 일로 생각되었기 때문이다.

자동차는 메남강 기슭까지 갈수 있었다. 그곳부터는 작은 배를 타고 수로를 가야 했다. 강물은 흐려 있었으나 강뚝 가득 우거져 있는 나무는 매우 아름다웠다. 그런 수목 사이에 있는 작은 판자집의 하나가 그녀의 집이었다.

그녀는 순진함이 남아 있는 귀여운 소녀였었다. 이러한 전생인간에서 흔히 볼 수 있는 조금 신경질이고 병적인 느낌은 전혀 없었다.

"뭐든지 물어보세요. 이야기할테니까요."

아버지도 나의 취재에 협조적이었다. 나는 한마디라도 놓치지 않으려고 녹음 마이크를 아버지에게 향했다. 소녀의 아버지가 번갈아 이야기해준 바에 의하면,

"사내에게 질소냐."

소녀의 이모뻘인 라미는 입버릇처럼 말하면서 23세까지 결혼도 않고 사업을 하기 위한 자금을 모으는 일에 전념했다.

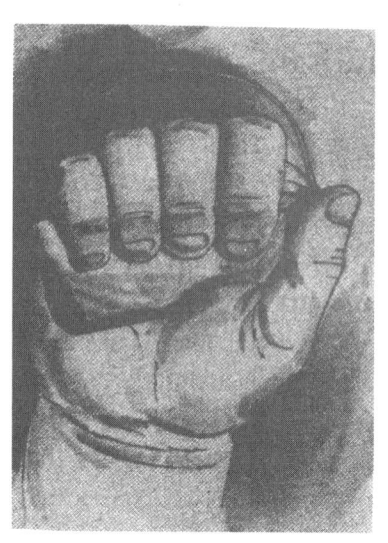

그녀는 두 직장에서 아침 일찍부터 밤중까지 일하며 자금을 마련했다. 그리하여 먼저 작은 식당을 열었다. 갖가지 색다른 아이디어로 장사를 했기 때문에 성공했다. 1년 남짓한 사이에 가게가 3배로 커졌다. 깜짝 놀랄 만큼의 장사 솜씨가 있었던 것이다.

그녀는 5년 동안 몇개의 사업을 시작했지만 그 어느 것이든지 성공했다. 20년 남짓한 사이에 마켓, 나이트클럽, 자동차대리점 등 15개의 사업에 손을 댔는데 모두 대성공을 거두었다. 그러나 그녀와 결혼한 남자들은 1, 2년 사이에 모두 도망치거나 죽었다.

라미는 죽기 2년 전 군인 출신으로 작가를 꿈꾸는 사내와 결혼했다. 그녀는 보기 드물게 사업을 버려둔 채 그 사내를 위해 정성을 다 바쳤다. 그런데 사내는 라미로부터 돈을 뜯어 내고 도망쳤다. 그녀는 속은 일에 너무도 분해 미칠 지경이었다. 결국 이때문에 병이 나고 그로해서 죽었던 것이다.

"나는 꼭 다시 태어나겠어. 그리하여 좀더 큰 사업을 하겠어. 나의 전생은 이 부적이 증명할 꺼야."

라미는 숨을 거둘 때 부적을 오른손에 꼭 움켜잡고 있었다. 그 부적은 그녀가 가장 소중히 하는 것으로서 태국의 최고위 스님으로부터 받은 것이었다.

라미의 유해는 부적을 꼭 움켜쥔 채 훌륭한 관에 넣어져 매장되었다. 그리고 반년 가량이 지났다.

"이상해요. 임신한 것 같아요."

라미의 동생, 즉 다라타 소년의 어머니는 어느 날 기쁨의 고백을 남편에게 했다. 결혼하여 10년이 지났건만 어린애가 없었던 것이다.

어린애가 생긴 것을 부부는 진심으로 기뻐했지만 그것이 설마 언니의 전생일 줄은 꿈에도 생각지 못했다. 그런 것을 믿을 수는 없었던 것이다. 있을 수 없는 일이라고 생각한 것이다.

"앗, 이것은 언니와…"

기운찬 울음소리를 내며 태어난 여자 아이의 모습을 보고 부부는 놀라고 말았다.

아기의 오른손에는 그 부적이 단단히 쥐어져 있었던 것이다. 부적은 분명히 라미 이모가 죽을 때 오른손에 쥐고 있던 것이었다. 깜짝 놀란 부부는 곧 아는 스님에게 의논했다.

'설마…'

　스님도 아기가 꼭 쥐고 있는 부적을 살펴보며 고개를 갸웃했다. 스님은 라미의 무덤을 파헤치고 관을 열어 그 시체를 확인했다.
　"어, 없다!"
　스님도 아기의 아버지도 아연실색했다. 백골화된 라미의 오른손에 쥐고 있을 부적이 보이지 않았던 것이다.
　'그렇다면 이 아이는 죽은 이모님의 전생…'
　스님은 아기에게 다라타라는 이름을 지어 주었다. 다라타는 불경의 일절로서 죽은 자의 명복을 비는 것이었다.
　이상한 다라타 출생의 이야기는 곧 이웃에 알려졌고, 태국 전역에 퍼졌다. 멀리서 다라타를 예배하러 오는 사람들도 있었다.
　다라타의 성장은 이웃 사람은 물론이고 의사도 깜짝 놀랄

만큼 빨랐다. 8개월만에 걷기 시작했고, 14개월만에 말을 시작했다. 그 말소리를 들었을 때 부부는 또 한번 소스라치게 놀랐다.

다라타의 말투가 죽은 라미와 꼭 닮았고, 빠른 말투일 때 조금 더듬는 것까지 닮고 있었다.

"걱정하지 않아도 돼요. 내일이면 빌려준 돈이 돌아올테니까."

부부가 장사 물건을 구입하는 돈에 쪼들려 걱정하고 있자 다라타가 어른스런 말투로 말했다.

'어린애가 어떻게 그런 것을…'

부부는 다라타를 흘겨보면서 고개를 갸웃뚱했다. 그런데 실제 다라타의 말대로 되고 이제 받을 수 없다고 단념하고 있던 빚 주었던 돈이 돌아왔다.

"아버지, 있는 돈을 몽땅 털어 설탕을 사요. 틀림없이 비싸질 테니…"

다라타는 매일처럼 아버지에게 어드바이스를 했다. 그 어드바이스는 100% 정확히 맞았고, 아버지는 큰 돈을 벌었다.

"외국인 상대의 토산품점을 하세요."

"자동차 해체 사업을 맡아요."

"호텔을 만들어요."

다라타는 아버지에게 계속 명령하는 투로 지시했다. 시키는 일에 망설이거나 하면 죽은 라미의 말투가 되어 야단을 쳤다.

다라타가 하는 말은 하나도 빗나가지 않았다. 어느 것이나 딱 들어맞아 사업이 순조롭게 궤도에 오르고 자꾸만 번성했다.

사업만을 본다면 다라타가 태어나고 지금까지의 12년간에 5배에서 10배 이상 규모도 커지고 돈도 많이 모아졌다.

죽은 라미의 전생인 다라타 소녀는 그밖의 문제에도 이상한 능력을 나타내어 이웃 사람을 깜작 놀라게 만들었다.

"다라타야, 영감쟁이가 없어졌는데 지금 살아 있니?"

행방불명의 남편을 찾아달라고 부탁하는 사람도 있었다. 다라타는 거침없이 곧 대답했다.

"죽었어요, 트럭에 치어. 숲속에 파묻혀 있지요. 달아난 트럭의 번호는 XXXXX예요.

얼마 후 범인이 체포되었는데 완전 범죄라고 안심했던 만큼 운전수는 엄청난 충격을 받고 있었다.

이렇듯 다라타 소녀는 아버지의 사업 등 고민을 해결해줄

뿐 아니라 타인의 부탁을 받아도 사업 이외의 일이라면 척척 알아 맞추어 해결해 주고 있었다.

　다라타 소녀는 이상한 능력을 나타내는 한편 평소는 극히 보통의 소녀로써 자라고 있으며, 학교에서의 성적도 보통이었고, 집에 돌아오면 근처의 아이들과 장난에 몰두했다.

　죽은 라미의 전생인 다라타 소녀는 영능력을 갖고 있는 셈인데 앞으로 장성하면 과연 어떻게 될지? 지금 아버지는 그 점을 가장 궁금해 한다. 아마도 이 세상에 한을 남기고 죽은 라미의 소원을 달성하지 않을까?

　왜 라미의 부적이 다라타의 오른손에 쥐어져 있었는가. 하는 수수께끼는 아포트현상(물질을 끌어당김), 텔레포테이션(정신감응 이동)의 일종으로도 생각되지만 아직 풀수 없는 수수께끼이다.

자기를 죽인 범인을 잡은 혼백

1972년 8월, 영국에서 5년 전에 발생한 살인사건이 피해자의 전생에 의해 발각되었다.

"무슨 증거로 나를 체포하는 거요?"

잠자고 있는 곳에 5명의 형사가 들이닥치자 진범인 우드는 필사적으로 저항하면서 외쳤다.

같은 해 8월 13일, 영국의 돈케스터에서의 일이다.

"저항해도 소용없어. 증인이 엄연히 있어."

형사들은 잠옷바람으로 실내의 물건을 닥치는 대로 던지는 살인범 우드를 체포하려 했다. 아무튼 우드의 범행은 극히 교묘하여 5년간이나 전혀 그 단서조차 잡지 못하고 있었다. 경찰은 어떻게든지 범인을 검거하려고 필사적으로 수사를 했지만 우드는 그러한 경찰을 비웃듯이 피해자를 두번째로 발견한 인간으로 행세하고 있었다.

"조용히 해!"

형사 한명이 우드가 한눈을 파는 동안 덤벼들고 격투가 벌어졌다. 다섯명의 형사에게는 더 이상 저항하지 못하고 우드는 마침내 힘이 빠져 수갑이 채워지고 말았다.

"내가 범인이라니, 누구도 목격한 놈이 없는데 엉터리다."

우드는 경찰차에 태워지고나서도 소리를 질러 댔다.

"엉터리? 엄연히 증인이 있어."

형사 한명이 시끄럽게 떠드는 우드의 입을 막으면서 더욱이 형사 자신은 이상할 것이 없다는 듯이 막 고함을 질렀다.

"그럼, 어디의 누구지, 그 증인은?"

"본인이야, 살해된 피일드 본인이야."

"뭐, 뭐라고? 하하하, 송장이 어떻게 증인이 된단 말인가?"

우드는 우스워 견딜 수 없다는 듯이 호송차 안에서 큰소리를 쳤다.

"나으리들, 어디가 돈게 아냐? 피일드는 죽었단 말이오. 죽은 자가 저 세상에서 돌아오기라도 했다는 거요?"

우드는 형사를 놀리듯이 형사 얼굴에 자기 얼굴을 밀어 붙이고 푸하며 숨을 내쉬었다.

"그래,. 피일드가 저 세상에서 돌아왔어."

형사는 우드를 노려보며 그렇게 대꾸했다. 하지만 그 말에는 형사 자신이 일말의 불안이 있는듯 싶었다.

그것은 3일 전의 오후 일이었다.

"저…5년 전에 살해된 피일드씨라고 자칭하는 분이 이곳에…"

형사과에 전화를 걸어 온 안내양의 목소리는 떨리고 있었다.

"뭐, 뭐라고? 피일드!?"

전화를 받은 형사는 피일드 살인사건 수사팀의 멤버였었다.

형사과는 발칵 뒤집혔다. 누구나 믿을 수 없다는 표정이었고 그렇게 생각하는 것이 또한 당연했다.

"그런 미치광이, 쫓아보내 버려, 너무 시끄럽게 굴면 체포한다고 말해."

형사는 안내양에게 지시했다. 모두 머리가 돈 녀석의 장난이라고 생각했던 것이다.

"여보세요. 나는 정신병자가 아닙니다. 당신들은 범인을 체포할 의지가 없습니까?"

안내양의 전화 목소리가 사라지기 전에 남자의 분노로 떨리는 목소리가 수화기에서 들려 왔다. 그리하여 수사과의 형사가 만나게 되었던 것이다.

"제가 5년 전에 살해된 피일드입니다."

제대로인 복장의 예의바른 27, 8세의 사내가 형사에게 자기 소개를 했다.

"그렇다고 해도 우리들은 믿을 수가 없지요. 아무튼 피일드 씨는 누군가에 의해 살해되고 있으니까…"

형사는 의심의 눈으로 사내를 관찰했다.

"당연하십니다. 살해된 인간이 살아서 돌아온 예란 별로 들은 적이 없을테니까."

피일드라고 자칭하는 사내는 한 장의 명함을 형사에게 내밀었다. 그것에는 보투리에 사는 '실업가 워터스'라고 인쇄되어 있었다.

"이것은?"

"이것이 지금의 저, 라고 하니보다 육체입니다. 그러니까 친구인 워터스의 육체인데 영혼은 피일드입니다."

" ? "

형사는 도무지 영문을 몰랐다.

"모르시겠지요. 도리가 없군요. 그 전일은 차차 말씀드리기로 하고 저, 그러니까 피일드를 죽인 범인부터 말하지요."

피일드라고 자칭하는 사내는 형사에게 수수께끼를 풀어 보이듯이 얘기를 시작했다.

그것에 의하면… 1967년 7월 29일 밤, 피일드는 샤워를 하고 위스키를 마시면서 약혼자에게 전화를 걸려고 했다. 그때 현관 도어를 노크하는 소리가 들렸다. 그는 동생이나 친구인가 싶어 문을 열었다.

"아니 당신은…"

찾아온 것은 경마장에서 곧잘 만나고 서로 경마에 대해 어드바이스를 하는 우드라는 사내였다.

"아무튼 들어오게, 한잔 마시겠나?"
그는 우드를 방으로 들어오게 했다.
"꽤나 훌륭한 방이잖아."
우드는 방안을 두리번거리면서 수상쩍은 시선을 그에게 보냈다. 그는 우드의 수상쩍은 태도로 봐서 마음속으로 아차, 들어 오는게 아니었다고 생각했지만 때는 이미 늦었다.
잠깐 사이에 우드는 덤벼들었고, 뒤로 부터 목을 조이면서 예리한 잭크 나이프를 가슴에 들이댔다.
"얌전히 돈을 전부 내놔!"
우드는 그의 가슴을 나이프로 찔러 가며 위협했다.
"돈은 없어."
그는 어떻게든지 우드의 손을 뿌리치려고 찬스를 노렸다.

하지만 그 찬스는 좀처럼 발견되지 않았다.
"빨리 하라구, 전부 내놓는 거야."
피일드는 체념했다.
"기, 기다려. 내놓을 테니…"
우드는 현금과 보석 등을 모두 빼앗았다.
"나 놓아줘."
우드는 목적을 달성하자 그의 목을 느닷없이 죄었다. 고무장갑을 낀 손가락이 그의 목에 힘껏 파고 들었고, 그는 필사적으로 허위적거렸지만 나이프의 칼끝이 가슴에 대어져 제대로 저항하지도 못했다.
'으악!'
우드는 그의 몸을 뒤로 부터 끌어안듯이 하면서 나이프를 힘껏 심장을 향해 찔렀다. 우드는 바닥에 쓰러진 그의 몸에 두 번 세 번 나이프를 찔러 댔고 완전히 죽은 것을 확인했다. 그리고서 시치미를 떼고 방에서 나갔다.

수시간 후 전화를 받지 않는 것을 이상히 여기고 찾아온 동생에 의해 피일드의 시체가 발견되었다.

경찰이 달려오기 조금 전, 우드는 피일드가 경마장에 잊고 온 종이봉투를 갖고 찾아와서 시체의 제2 발견자가 되고, 놀라고 슬퍼하며 치를 떨어 보이기도 했다.

우드가 가져 온 종이봉투는 경마장의 관리인으로부터 부탁받은 것으로서 아무런 의심도 받지 않을 수 있었던 것이다. 우드가 탈취한 피일드의 돈과 보석은 그가 애인이나 동생에게도 비밀로 갖고 있던 것으로서 그런게 있었음은 누구도 몰랐던 것이다.

실내를 거의 뒤진 흔적이 없었다는 점과 현금은 그대로 남아 있었으므로 수사가 벽에 부딪친 것이다.

"범인에 대해선 알았지만, 당신이 피일드라는 증거는?"

형사는 그가 피살된 본인이라는 것의 설명을 요구했다.

"우드가 나의 죽음을 확인한 순간 나의 영혼은 육체에서 떠났던 겁니다."

피투성이가 된 육체로부터 분리된 피일드의 넋은 여기 저기 방황했다. 우드에 대한 원한이 강해 그대로 유계에 갈수는 도저히 없었다. 그리하여 여기 저기 방황하고 있을 때 보투리에 사는 친구 워터스가 병으로 죽어가는 것을 발견했다. 그래서 워터스가 죽는 것을 기다렸다가 그 육체를 빌려 피일드는

살아났던 것이다.

워터스의 부모는 아들이 소생한 줄로만 알고 몹시 기뻐했다.

"아니오. 나는 워터스가 아니고 피일드입니다. 사실은…"

그는 그때까지의 경위를 자세히 말했지만, 누구도 수긍하려들지 않았다. 그뿐인가, 그를 정신병원에 입원시켰다.

그래서 피일드는 본인이라는 것을 말하지 않기로 하고 찬스가 오기를 기다렸다. 그리하여 그로부터 5년이나 지나고 말았다.

윌스의 아버지가 석달 전에 교통사고로 죽은 것을 기회로 참아왔던 우드 체포의 증언에 나섰던 것이다.

"부디 무엇이든 조사해 주십시오. 당신들의 의문을 풀어 드리겠습니다."

경찰은 곧 행동에 나섰다.

"확실히 워터스씨는 일단은 사망했지만 수분 후에 소생했습니다."

워터스 사망을 확인한 의사로 부터도,

"그렇습니다. 연달아 이상한 소리를 하므로 입원시켰습니다. 하지만 의학적으로는 이상한 점을 발견할 수가 없었지만…"

정신병원의 의사로부터 조언을 들었다.

"그것은 완전히 가능합니다. 전생한 예는 많이 있고, 특히 이승에 원한이 있거나 강한 미련을 가진 사람은 곧잘 전생하는 것입니다."

영국의 유명한 심령과학자 루슈 박사도 타인의 육체를 빌려 혼이 살아나는 것을 인정했다.

'어떻게 할까?'

그래도 경찰은 우드 체포의 결단을 내리지 못했다. 3일간 경찰은 생각에 생각을 하고 그 사이 우드의 동향을 은밀히 내사했다.

몇군데 미심쩍은 점이 있었고, 여자에 대한 폭력 행위도 있었으므로 최악의 경우에 그 용의자로 체포했던 것이다.

어디까지나 시치미를 떼는 우드에게 경찰은 피일드를 대면시켰고, 그 입으로 범행 과정을 말하게 했다. 하지만 피일드가 한마디 말을 걸었을 때 우드는 떨어버렸고, 쉽사리 범행을 자백했을 뿐 아니라 자백에 의해 발견된 보석이 피일드의 것임이 보석상에 의해 밝혀지게 되었다.

PHOTO.REPORT

제 5 부
사후의 변하는 모습

제1 신사상(新死想)

'갓 죽은 사람의 모습을 생각함'
일본은 전 인구의 95%가 불교도이고, 그 문화는 종교에서 비롯되었다고 해도 과언은 아니다. 불교는 백제, 그리고 신라를 통해 일본에 들어갔고, 일본 불교사상 이름난 고승으로 우리나라 사람도 있다.
통일신라 이후 직접 당나라에 유학생을 보냈지만 그 이전에는 대체로 한반도, 특히 백제를 통해 문화가 전파되었던 것이다. 그리

하여 그 문화 중심지는 산사이 지방을 중심으로 발달되었고, 고대의 도읍 나라(奈良)는 그대로 우리 말의 나라=서울이며 근대 일본의 수도 도쿄가 탄생되기까지 교토 및 그 주변이 도읍지였던 것이다. 고대의 불교 유적도 이 일대에 집중되고 있다.

교또의 동대로(東大路)에 '육도 네거리'라는 곳이 있다. 이 육도란 불교의 '육도 윤회' 즉 천계, 인계, 축생, 수라, 아귀, 지옥을 말하며, 이승과 저승의 갈림길이라는 의미를 내포한다.

이 '육도네거리'에 어린이 수호신인 지장보살상이 있는 것으로 알려진 '서복사'란 절이 있고, 또한 사후의 변화 모습을 그린 옛날 족자가 전한다. 그것은 구상관도(九相觀圖)라는 것으로서 한 고귀한 부인의 죽음을 맞고 풍장(風葬)되어 시체가 부패하며 흩어지고, 백골화 되어 마침내는 흙으로 돌아가는 인간 사후의 실체가 아홉가지로 나누어 그려져 있다. 전하는 바에 의하면 이 미녀는 천황의비였던 '단림황후'로서 그녀는 죽을 때 유언으로 자기 시신을 도읍 서쪽 변두리에 버리라고 했다.

그 첫번째는 병으로 쓰러져 죽음을 맞고 있는 모습이며, '신사상'이라고 이름 지어져 있다.

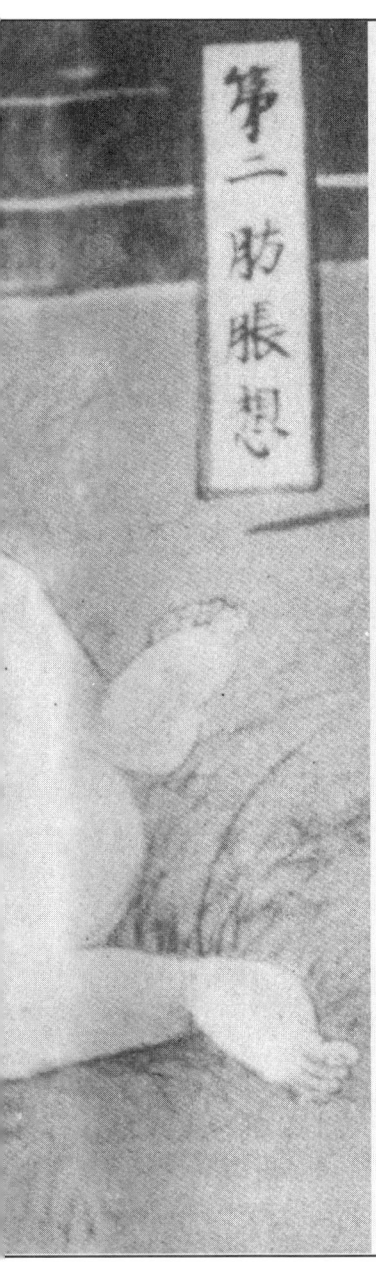

제2 방창상(肪脹想)

죽은 뒤 이레쯤 지나면 시체는 차츰 부풀어 올라 맹공이처럼 되고, 사지는 빳빳하게 굳어지며 광택을 잃은 검은 머리는 풀뿌리에 얽힌다. 이런 현상은 미녀나 추녀나 구별이 없다.

죽은 사람의 영혼은 저 세상을 향해 여행을 시작한다. 이런 현상은 아무래도 심령과학적 측면에서 볼때 우리 육체는 죽어서 썩기 전에 반응을 나타내는 것으로 볼 수 있다. 다시 말해서 육체는 죽음과 동시에 영혼이 빠져 나가면서 육체는 그대로 부패가 진행된다는 것으로 볼 수 있다.

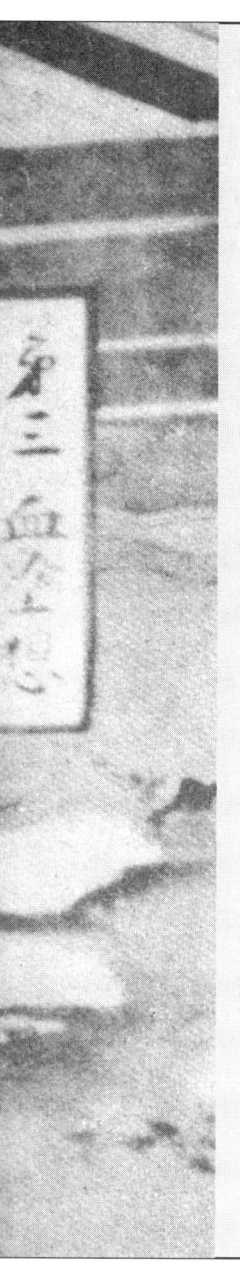

제3 혈도상(血塗想)

살갗은 속부터 썩고 곪아 군데군데 멍이 든 것처럼 되고, 그것이 지도처럼 퍼진다. 이윽고 살갗이 터지면서 피고름이 흐르고 악취가 심하게 풍긴다. 인간 육체의 부정한 일면이 가장 잘 나타나는 것이다.

인간이란 존재는 단순히 동물적인 측면도 있지만 그렇다고 꼭 동물적인 측면만 있는 것도 아니다.

사회적 측면이나 종교적 측면 등 여러 가지 측면이 복잡하게 어울려 있는 존재가 바로 인간인 것이다.

제4 봉란상(蓬亂想)

육체가 더욱 더 썩어 문드러져 쇠파리나 구더기가 들끓는다. 죽은 지 며칠이 되면 곤충이 잠식하게 된다. 그 곤충 중에서 가장 흔한 것이 바로 파리와 구더기다.
이런 현상만으로도 사후 자살인지 타살인지를 생각하게 하는 단서가 된다.
이렇게 변하는 것을 어째서 생전에 얼굴에 분바르고 비단옷에 금부치 따위로 꾸미려 하는가?

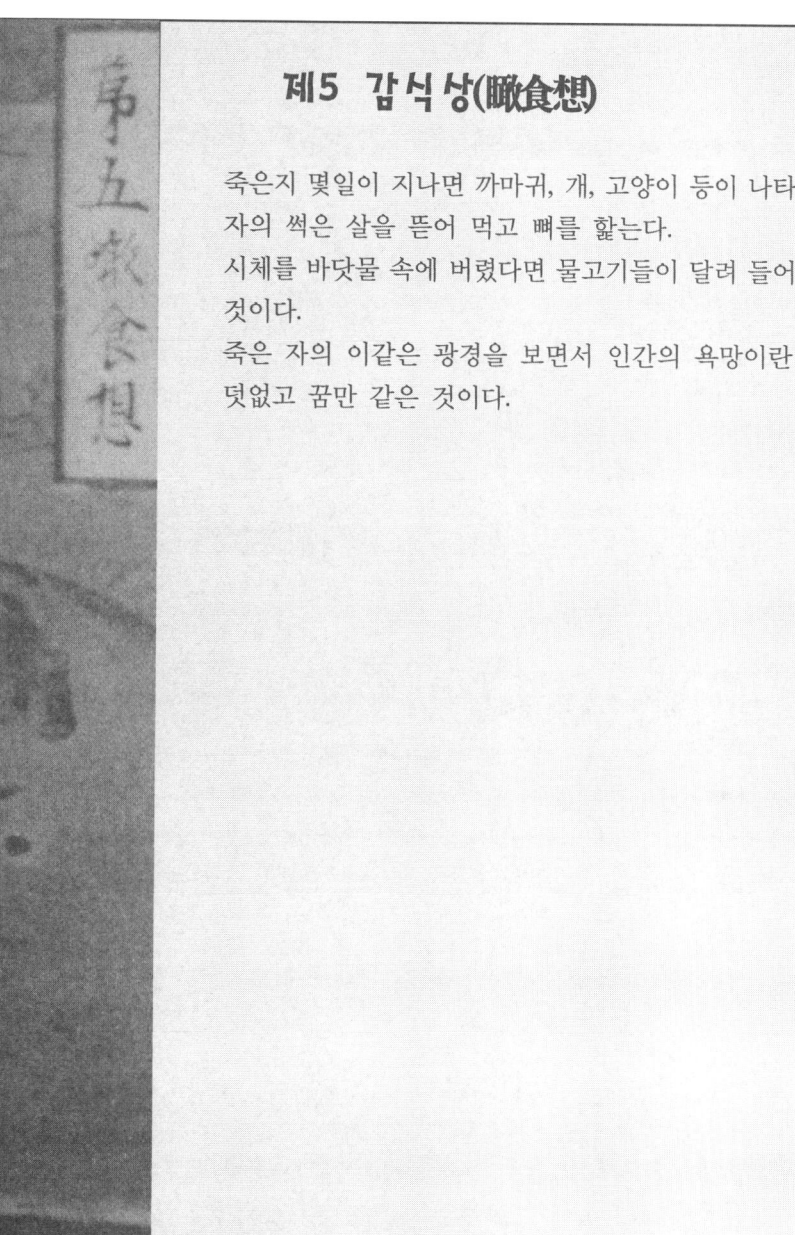

제5 감식상(瞰食想)

죽은지 몇일이 지나면 까마귀, 개, 고양이 등이 나타나 망자의 썩은 살을 뜯어 먹고 뼈를 핥는다.
시체를 바닷물 속에 버렸다면 물고기들이 달려 들어 먹을 것이다.
죽은 자의 이같은 광경을 보면서 인간의 욕망이란 한낱 덧없고 꿈만 같은 것이다.

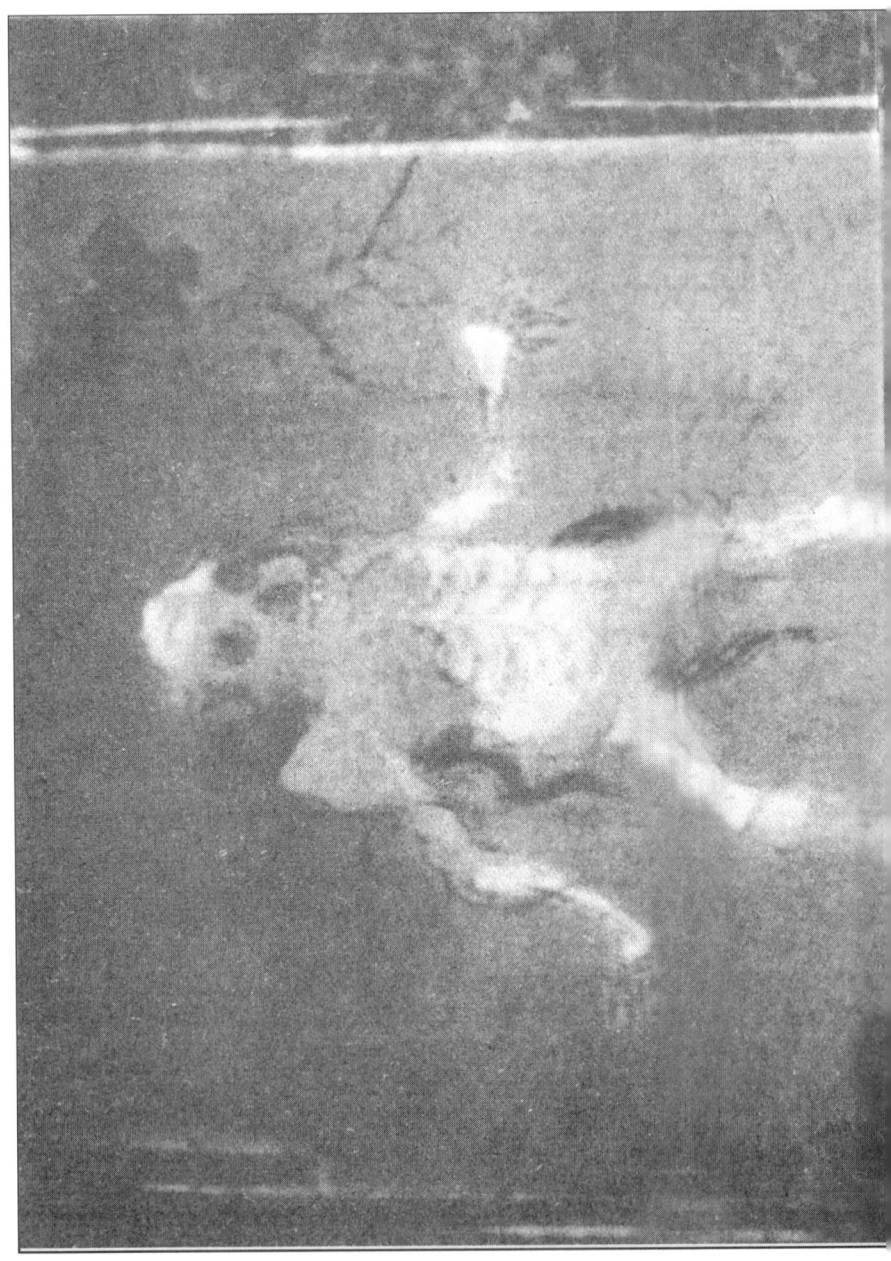

제6 청어상(青瘀想)

겨우 흔적만 남긴 살갗이나 육체의 일부가 비바람에 변색되거나 바람에 날려 티끌이 되거나 흙과 섞인다.

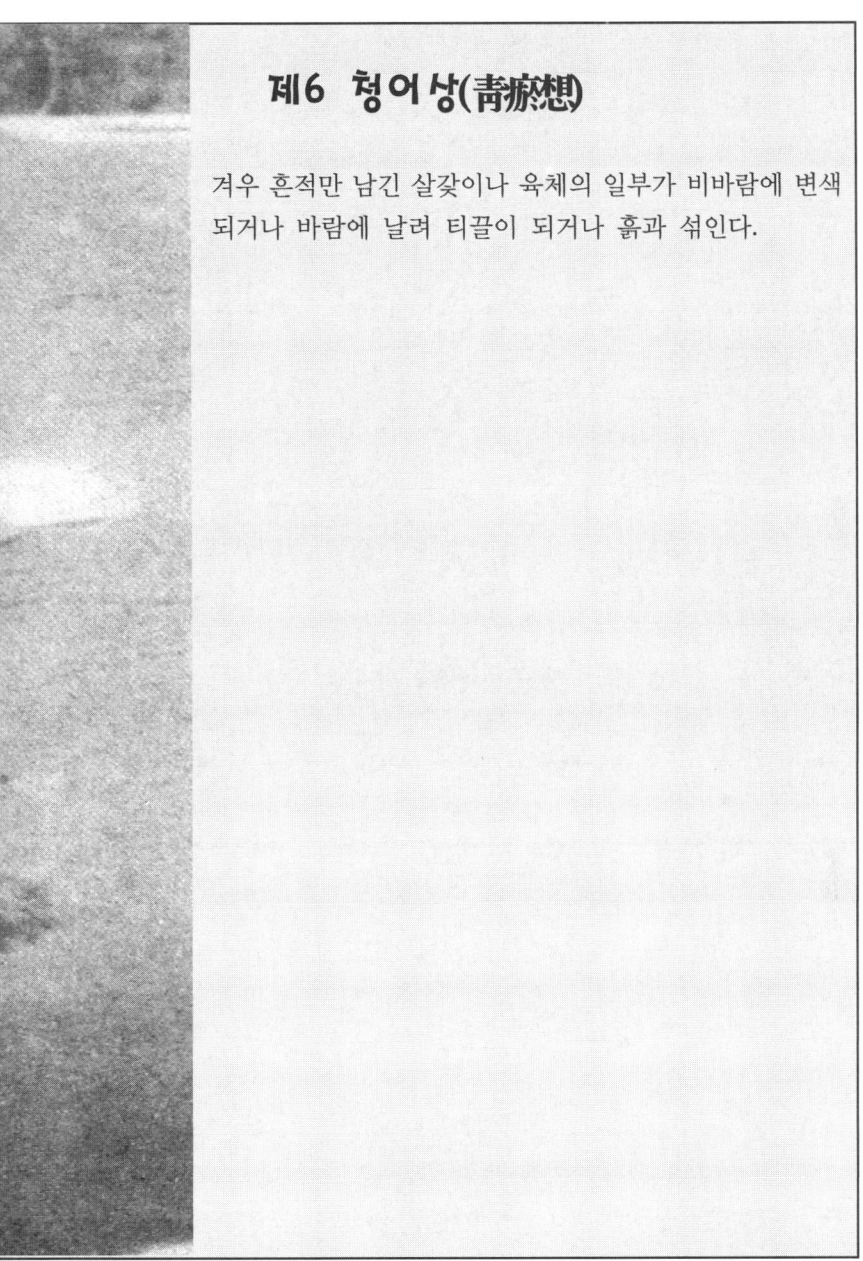

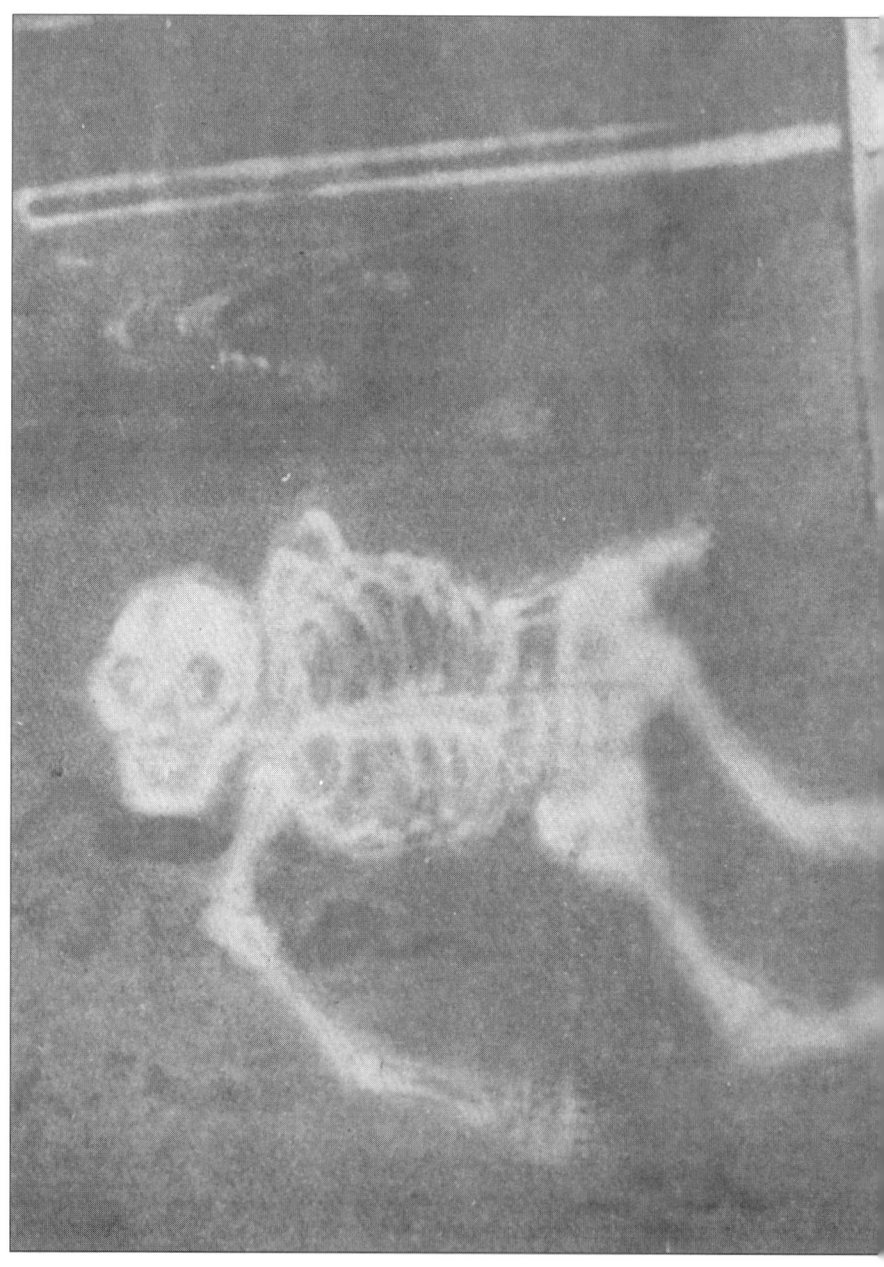

제7 백골연상(白骨連想)

살갗과 속살은 이미 모두 사라지고 마침내 뼈만 남는다.
가까스로 인간의 모습을 연상시킬 뿐이다.

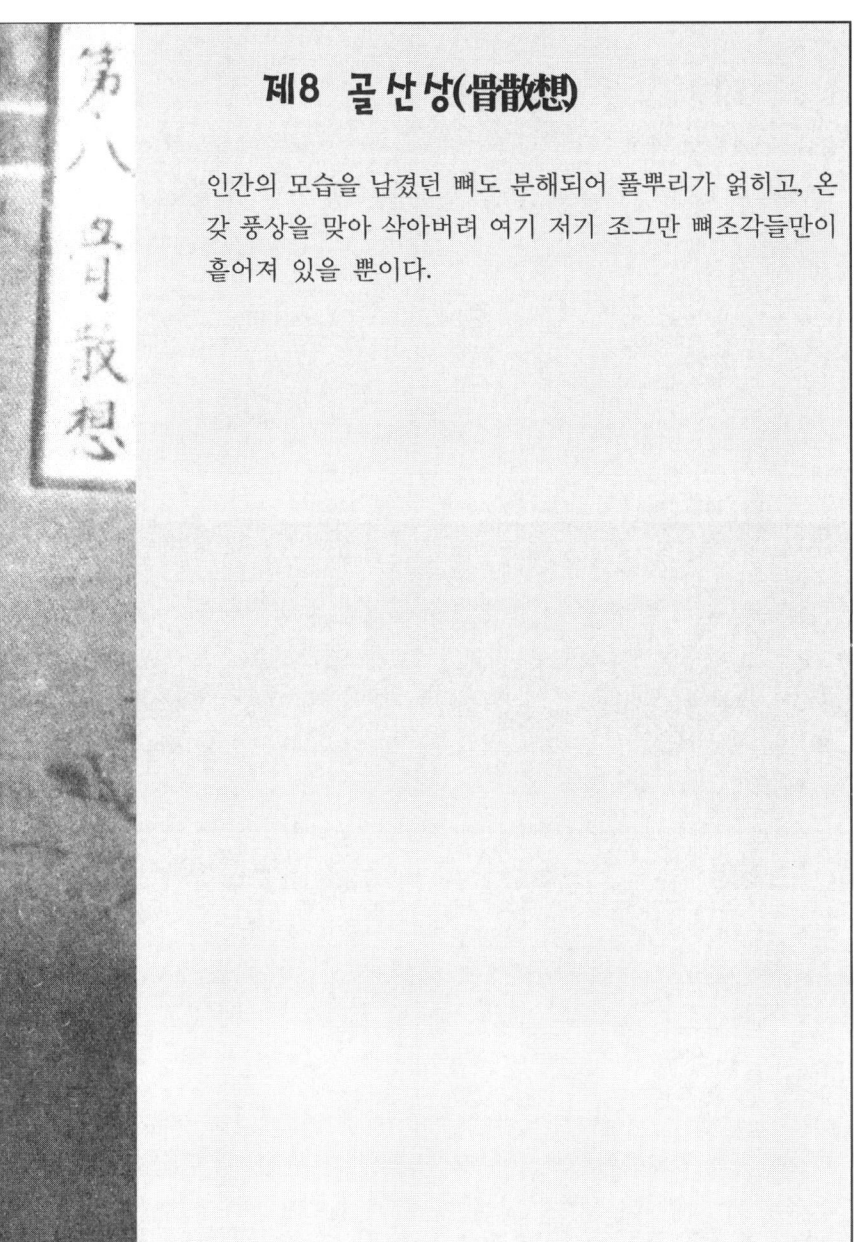

제8 골산상(骨散想)

인간의 모습을 남겼던 뼈도 분해되어 풀뿌리가 얽히고, 온갖 풍상을 맞아 삭아버려 여기 저기 조그만 뼈조각들만이 흩어져 있을 뿐이다.

제9 고분상(古墳想)

육체도 뼈도 모두 흙으로 돌아가 들에는 무덤만이 남겨질 뿐, 망자의 이름이 비석에 새겨져도 그마저 비바람에 닳고 지워져 모든 게 무(無)가 된다.

제 6부
사후 영혼은 존재하는가?

사후의 영혼에 대하여

심령 현상에의 관심이 높아지다

 나는 초상현상(超常現象)을 비롯하여 심령세계의 연구를 시작한지 금년으로 꼭 45년이 된다. 이 오랜 세월 동안에 심령현상에 대한 일반인들의 관심은 변화를 가져 왔다고 생각된다.
 특히 죽음에 관해, 또한 영(靈)이라는 것에 관한 사고방식은 연대에 따라 상당히 큰 차이가 있었다고 여겨진다.
 내가 20여년 전에 소년, 소녀 대상의 잡지에 초상현상 이야기를 쓰기 시작했을 무렵, 특히 심령현상에 관해 쓴 것들은 어떤 의미로서는 당시엔 아직도 완전히 받아들여지지 않았다. 기분이 나쁘다, 무섭다는 정도로서 끝나고 있었다.
 심령의 세계, 이것은 단지 무섭다 하는 것으로 끝날 문제는 아니다. 당시의 소년, 소녀 대상 잡지를 읽어준 독자는 현재 30대 중반, 혹은 좀더 앞선 세대의 사람이 되어 있을 터이다.
 이런 사람들이 늘게 됨으로써 현재 만큼 죽음의 문제가, 혹은 심령의 문제가 갖가지로 진지하게 생각된 때는 없다고 여겨지며, 또한 그러한 독자들이 지난날의 기사 내지 자기 자신의 체험을 통해 그와 같은 문제를 진지하게 생각하게끔 되었는지도 모른다.

평화의 배후엔 불안이

지금의 세상은 확실히 평화롭다. 아니, 평화인 것처럼 보인다. 그렇지만 전쟁은 없으나 사람들의 마음 속에는 온갖 불안이 있는 것이다.

그것은 평화이기에 생기는 불안이라고 하겠다. 예를들어 최근처럼 '성에네르기[전기나 가솔린 절약 등]란 것이 강조되고 이상 기후가 현실로 일어나고 있는 그러한 속에서[홍수나 가뭄, 지구온난화 등] 사람들은 무엇을 생각하고 무엇을 구해야 하는가 하는 절실한 문제가 있다.

그리하여 '정신세계'에 관한 책들이 범람하고 있기도 하다. 예를 들어 명상이니 요가니 예언서니 하는 책들이 그것들이고, 심령의 세계에 관한 책들도 물론 여기에 속한다. 이것은 일찍이 없었던 현상들이다. 필자는 이런 현상을 훌륭한 것이라고 믿는다.

자살과 살인

노인들의 말에 의하면 옛날보다 끔찍한 사건, 살인사건이

많아졌다고 한탄한다. 신문을 보아도 사실 그러하고, 또 자살도 옛날보다 확실히 많아졌다.

옛날엔 자살이라고 하면 실연한 청춘 남녀의 특허처럼 알려졌으나 요즘에는 연령과는 관계가 없고, 노인의 자살이나 중고생과 같은 청소년들의 자살이 늘고 있다. 특히 우려할 일은 초등학생들의 자살도 많이 나타난다는 점이다. 자살은 비단 우리나라만의 현상이 아니고, 세계적인 추세이기도 하다.

그렇다면 왜 스스로 목숨을 끊는 길을 택해야만 하는가?

그 원인을 여기서 분석할 여유는 없다. 필자는 다만, 이런 사람들이 스스로 죽음이란 것을 택할때 직면하고 있는 괴로움이나 고뇌 등에만 얽매이고, 그 뒤의 문제 – 예컨대 사후의 문제를 생각하고 그러고서도 또한 스스로의 목숨을 끊는 자살이란 행위를 감행하는 것일까?

확실히 목전의 괴로움이나 고뇌를 생각하면서도 그 다음의 일 따위는 생각하지 않을런지도 모른다(죽은 다음에야 어찌 되든 알바가 아니다). 그러나 나는 여기서 한번 더 현실에서 직면하고 있는 괴로움이나 고뇌를 이겨낼 수 있는 다른 길은 없는 것일까 되묻고 싶다.

자살자의 넋은 구제받지 못한다

영적으로 말한다면, 자살을 했을 경우 그 사람은 우선 넋이 구제받지 못한다고 생각하면 된다. 쉽게 말해 현세에서 해결할 수 없는 고통과 고민을 해결하고자 자살했으나 죽고 나서도 해결은 커녕 여전히 고통스럽게 고뇌하지 않으면 안되는 것이다.

그러면 어떻게 해야 하는가? 오죽하면 자살할까. 자살자는 각각 심각한 이유나 결단이 있을 것이고, 우리같은 자가 그것에 대한 확실한 해답을 할 수는 없고, 또 그 해답도 없을런지도 모른다. 그렇지만 분명히 말할 수 있는 것은 스스로 생명을 끊는 자살에 의해 사후세계에서 극락이나 천국에 갈수 있느냐 하면 그 대답은 절대로 '노우'이다.

심령과학적 면에서 말해도 스스로 생명을 끊었을 경우, 그 사람의 몸에 있는 엑토플라즘이 완전히 분리되려면 꽤나 외랜 기간이 걸리고 또 분리될 수 없는 일마저 있다.

엑토플라즘, 곧 영혼이라 하는 것이 그 사람의 멸망된 육체로부터 완전히 이탈할 수 없다는 것은, 영적(불교적으로 말해서)으로 그 사람은 성불(成佛)하지 못한채 끝나는 것이 된다. 즉 흔히 말하는 원령인 악령이 되어 언제까지나 방황해야만 한다.

살인자에 대한 영(靈)의 응보

살인도 마찬가지이다. 일시적인 감정의 폭발 등으로 사람을 죽이면 그 결과가 어떻게 되는가? 죽음을 당한 쪽도 그렇지만 죽인 쪽도 반드시 그것 나름의 응보를 받아야 한다. 특히 영적인 응보만큼 무서운 것은 없다.

영적 응보에 의해 그 사람 자신이 일생을 두고 괴로워해야 할 경우가 있다. 흔히 살인 범인이 도망을 치고 고민한 끝에 자수하는 일이 있다. 대체로 그것은 범행일, 즉 망자의 제삿날 전후라는 것이 자료에 의해 증명되고 있다.

수자령(水子靈)의 탈

또 한가지 필자가 염려하는 것은 수자령, 곧 태아의 영체(靈體)이다. 당연히 태어나고 행복한 인생을 보낼지도 모를 태아가 태어나기 전에 생명을 끊기고 만다. 이것을 '수령자의 탈'이라고 부른다.

여성의 경우 수자령의 탈을 모르는 사람이 너무나도 많다. 필자는 이제까지의 취재나 조사, 연구에 의해 '수자령'이라는 것이 여성의 몸과 정신에 얼마만큼 나쁜 영향을 주고 있는가를 안다.

수자령이 이 세상에 나오지 못한다면, 그것은 영혼으로써 혹은 원령이나 악령으로써 해로움을 인간에게 준다고 하는 사람도 있다. 그렇지가 않다. 수자령 그 자체는 확실히 두려울 게 없다. 그런데 이 수자령에는 반드시 아귀령(餓鬼靈)이 들러 붙는다. 이 '아귀'라는 것이 갖가지의 못된 장난을 한다.

이런 수자령의 빙의에 의해 몸의 전체가 나빠지고 심장까지 나빠져 몸져 누운 사람이 육체의 수자령을 공양함으로써 건강해지고 지금은 스포츠마저 하게 된 예가 있다. 확실히 이상한 현상이라고 하지 않을 수 없다.

내가 여기서 굳이 수자령 어쩌구 하는 것은 주간지 등을 보

고도 알 수 있듯이 중학생의 매춘, 그리고 중절, 수자령의 악순환이 반복되고 있다는 점이다.

중학생일 때 벌써 '수자'를 갖고 있다면 그 사람의 일생은 거의 불행의 연속이라 해도 지나친 말은 아니다. 이와 같은 갖가지의 영현상, 영의 방해, 영의 탈이라는 것에 관해 일소에 붙이는 사람이 있다. 확실히 체험하지 않으면 모르는 일이므로 일소에 붙여도 도리가 없을지 모른다.

재인식되는 영현상(靈現象)

그렇지만 최근의 경향으로서 그것을 일소에 부치는 사람이 적어졌다는 매우 바람직한 현상이 일어나고 있다. 어떠한 현대인이라도 또 무신론자라도 사후라는 것에 관해 혹은 영이라는 것에 관해 갖가지로 생각하고 논의를 하게 되었다.

이것은 UFO가 존재하느냐, UFO가 날고 있는가, 혹은 UFO가 어디서 오고 있는가, 왈가왈부하는 사고방식과 어떤 의미로선 일치되고 있을지도 모른다.

인간이 죽으면 어떻게 될까 이런 생각이다. 인간은 확실히 고뇌할 때가 많다. 고민하는 그런 때 죽음이라는 것을 생각한다. 그러자 동시에 영이라는 것을 생각한다. 다만 이럴 경우의 죽음에 대한 생각과 영이라는 것에 대한 생각과 영이라는 것에 대한 사고방식은 약간 다른 일면이 있다.

죽음은 두려워 하고서의 생각, 영의 탈을 겁내고서의 생각이라고 볼 수 있다. 어쨌든 우리들 인간이 죽음이라는 것, 영이라는 것을 생각함은 매우 바람직한 일이다.

영(靈)은 마음이다

나는 영이라는 것은, 결론적으로 말한다면 '마음'이라고 생각한다. 그런 마음을, 정신을 진지하게 생각하고 지금처럼 인간이 으레 편리한 사회를 만들기 위해 과학적인 방법으로 만들어 낸 컴퓨터, 인간이 부려야 하는 컴퓨터에게 거꾸로 인간이 부려지고 있는 극히 역현상인 세상에서 우리들이 스스로의 마음과 정신을 생각하는 일은 매우 훌륭하다고 생각한다.

사후의 세계가 어떠한 것인가? 또한 심령 특히 영혼이란 것이 어떠한 것이냐 하는 걸 생각한다면 우리들이 살아가는데 있어 무엇을 해야 하는가? 또한 어떻게 하면 자기 자신이 보다 강하고 행복하게 살아갈 수가 있느냐 하는 하나의 결론,

혹은 결론이라고 까지는 하지 못하더라도 하나의 지침이 되는 것을 거기서 포착할 수가 있다고 나는 생각한다. 죽으면 도대체 어떻게 되는가?

사후의 존재

사후의 존재, 사후에 무엇인가 존재한다고 하는데, 그것이 생전의 정신 작용이나 생명력을 구성하고 있던 이른바 영혼과 꼭 동일한 것은 아니다. 오히려 육체가 물질로써 분해되는 것과 마찬가지로 정신적인 것도 몇개인가로 분열되고 일부분은 소멸되고 일부분만이 존속한다는 견해가 현재로선 우세하다.

예를 들어 인도양에 있는 안다만섬의 원주민이 믿고 있는 바에 의하면, 죽으면 사령(死靈)은 땅속에 가라앉고 정령(精靈)은 하늘에 오른다고 한다.

고대 중국어에서도 '혼'은 당나무=신령나무'이고 '백(魄)'은 '허물=실체가 빠져나간 껍질'로서 구별했다.

〈예기〉에도 '혼 기운은 하늘에 오르고 모양을 가진 뱀은 땅으로 돌아간다'고 씌어 있다. 또 사람이 죽으면 '귀'라는 것이 된다고 하였다. 한마디로 영혼이라고 하나 그 있는 장소나 기능에 따라 여러 종류가 있고, 원시인들 사이에선 오히려 그 구별이 복잡했다[예를들어 귀신은 귀와 신으로 이 두가지는 염연히 구별되는 것이다.] 그런데 우리들이 망자를 생각할 경우 반드시 영혼을 생각하는 것은 아니다. 예를 들어 '죽은 아버지'라고 하듯 구체적인 대상을 생각하는 일이 많다. 꿈속에서 대면했을 때도 '아버지의 혼백이 나타났다'고는 하지 않는다. 이 점은 고대인이나 원시인도 마찬가지였다.

　필자는 앞에서 사령, 정령, 망령, 조상령이니 하며 말을 의식적으로 구별하여 사용했지만, 사실인즉 이러한 구별은 산 사람과의 관계에 의해 정해지는 것으로서, 망자(亡者) 그 자체의 본질적 구별이라고 할 수는 없다고 생각된다. 그래서 이제부터는 특별히 구분할 필요가 있을 경우에만 일괄하여 망자로써 표현할까 한다.

사자(死者)의 주거(住居)

　사자가 죽은 장소 또는 매장된 장소에 머무른다는 사고방식은 가장 오랜 것이고, 또한 일반적인 것으로 생각된다.

　굴장[屈葬 : 항아리 등에 구부린 자세로 매장한 것] 등의 경우엔 답답하고 비좁은 장소에 억지로 집어넣어져 꼼짝도 못한다고 생각되었을지도 모른다.

　큰돌을 올려 놓거나 '고인돌' 봉분을 하는 까닭도 말하자면 사자의 활동을 억누르기 위해서였다. 그럼에도 불구하고 사자는 기회만 있으면 무덤에서 빠져나와 자유로이 생자(生者)의 주변을 떠돌았다. 보통으로선 사자(死者)의 주소가 무덤이지만, 무덤부터 빠져나와 움직인다는 신앙은 고대 슬라브족 사이에도 있었고, 이집트에선 사자가 낮이면 새 따위가 되어 무덤을 빠져 나오고 놀러 다니다가 밤이 되면 무덤에 돌아간다고 믿어지기도 했다.

지하의 나라

　무덤이 사자(死者)의 주소라는 사고방식부터 발전되어, 무덤과 비슷한 것으로써 '사자의 나라'라는 사상이 태어났다. 희랍신화에 나오는 하디스가 지배하는 지하의 나라, 게르만족, 멕시코의 아스테크족, 페루의 잉카족 등 세계 각지에서 지하의 어두운 곳을 '사자의 나라'라고 생각하는 예는 많다.
　이같은 생각이 무덤 그 자체를 '사자의 나라'라고 보는 것은 아니다. 그렇지가 않고 무덤에서 연상되는 어둡고 음산하고, 질척 질척하여 부패나 오물로 가득 찬 별세계를 가리키고 있는 것이었다. 그리하여 '사자의 나라'는 꼭 지하세계가 아니라도 좋았다. 지상의 어딘가 먼 나라라도 상관없었다. 만약 방향을 택한다면 해가 지는 서쪽이라고 정해지는 일이 많았

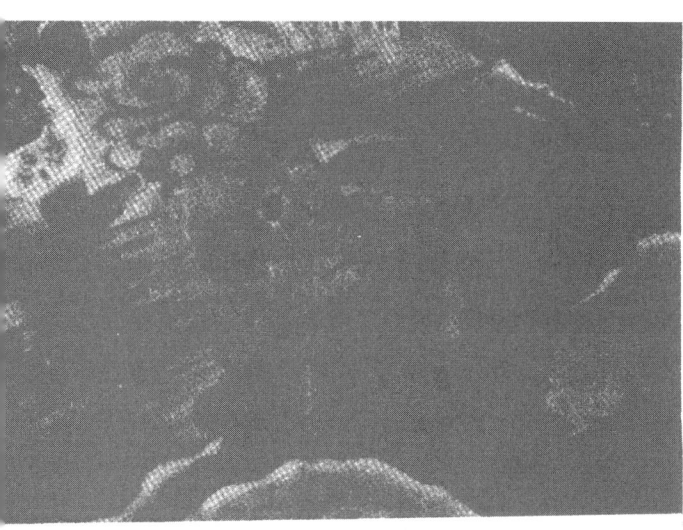

다[불교에서 말하는 서방정토, 아미타불의 극락세계, 바빌로니아 및 앗시리아 사람들 또는 켈트족의 죽음 세계는 서쪽이었고, 아일랜드에선 서남쪽이라고 한다]. 섬이나 바다 밑, 산꼭대기도 생각되었다.

페루의 해안지대에 사는 침족은 대안(對岸)의 구아노제도에 사자의 나라가 있다고 믿었으며[남미 인디언 중에는 거룻배에 시체와 식량을 실어주고 바다로 내보낸다], 브래타뉴 지방의 켈트족 일파인 브래톤인도 사자는 라즈 곶부터 떼베네끄 섬으로 건너간다고 믿어졌다.

또한 하늘에 사자의 낙원이 있다는 신앙도 발달했지만, 그런 곳에는 선발된 자만이 들어갈 수 있었다.

영혼의 과학적 해명

영혼은 정말로 존재하는가? 미국, 영국, 소련 등의 과학자들은 1백년 전부터 이 수수께끼를 해명하려는 연구를 계속하고 있지만, 명확한 것은 아직도 규명하지 못하고 있다. 그러나 과학적 방법으로 한걸음, 한걸음 착실히 해명되어 가고 있다.

영혼의 수수께끼는 과학적 방법으로 해명되어야 마땅한 것으로서 신들린 무속적 방법으로 해서는 안된다. 과학시대에 살면서 과학에 역행하는 연구나 실험은 성공하지 못한다.

이 최대의 의문에 대답하는 대신 여기선 기초가 될 가설을 소개하겠다.

소생한 쇼터 청년

"안되었습니다만…"

의사들은 불안스레 침대에 누운 병자를 바라보는 가족에 대해 나직하게 말했다.

쇼터 청년의 맥이 멎고 숨이 끊어졌던 것이다. 가족들은 비통해 하며 울음을 터뜨렸다.

1971년 10월 27일, 영국 런던 변두리에서였다.

청년은 4개월 전인 6월 23일, 돌연 피를 쏟고 쓰러졌으며 병원에 입원했던 것인데 그로부터 도무지 낫지를 않고 마침내 죽고 말았던 것이다. 병의 원인은 불명이었다.

쇼터의 유해는 일단 병원의 영안실에 안치되었지만 그 뒤 차로 집으로 옮겨졌다. 집에선 친척이나 벗들이 모여 밤샘을 했다.

이튿날 근처의 교회에서 150명 남짓 사람이 모여 성대한 장례식이 올려졌다. 청년의 죽음을 알고 여행지에서 달려온 걸 프렌드는 반 미친듯이 울부짖었다. 그리하여 드디어 청년의 시체가 화장장으로 운반되려고 할 때의 일이다.

쇼터 청년의 시체를 넣은 관이 내부로부터 심하게 두들겨졌던 것이다. 놀란 가족들은 곧 관의 뚜껑을 열었다. 그리하여 보니까 청년이 소생하고 있지 않는가.

"나는 모두 알고 있어. 전부 보고 있었으니까."

쇼터는 병원의 베드에서 숨을 거두었을 때의 일부터 살아났을 때까지의 모든 일들을 세밀하게 말했다.

문상을 왔던 친구가 맡겨둔 물건을 가져 온 일이며, 걸 프렌드가 반광란이 되어 까무러친 일도 모두 뚜렷하게 알고 있던 것이었다.

"나의 영혼이 육체로부터 빠져나와 모두 보고 있었던 거야."

쇼터는 놀라고 있는 사람들에게 자기가 어째서 모든 점을 알고 있는지를 설명해 주었다.

쇼터는 3명의 의사에 의해 사망이 인정되었고, 틀림없이 죽고 있었다. 그리하여 40시간 이상이나 지나서 살아났던 것이다.

청년 자신이 말하듯 육체로부터 분리된 유체가 밤샘부터 장례식의 광경까지 보고 있었던 것이다.

자기의 장례식을 본 사람들

쇼터 청년처럼 자기의 장례식을 본 사람은 이밖에도 많다. 한국의 강 손씨는 교통사고로 인해 사망했던 것인데, 성대한 밤샘부터 장례식까지를 모두 자기의 눈으로 보고 있었다. 밤샘할 때 가족끼리 다툰 일까지도 고스란히 알고 있었다.

또한 노르웨이의 렐리나는 5년 동안 네번이나 병사했고, 네번 모두 살아났는데 그때마다 자기의 시체를 둘러싸고 가족이 슬퍼하고 장례 문제를 의논하는 것을 보거나 듣고 있었다.

이렇듯 자기의 시체나 장례를 본 사람은 내가 보유하고 있는 자료만으로도 세계에 수백명은 있다.

전생(轉生)

전생=즉 죽은 사람이 다른 사람으로 다시 태어나는 일은 정말로 가능한 것일까?

심령학자들은 '가능하다'고 말한다. 그리하여 그 가장 좋은 예로서 티벳의 살아있는 부처인 달라이라마를 예로 든다. 이 달라이라마는 죽으면 수년 안에 다른 사람의 육체(주로 태아)로 전생한다고 믿어진다. 따라서 한 사람의 달라이라마는 3백 년 이상이나 살고 있는 셈이다.

실제 예(1)

"나는 꼭 다시 태어나겠어!"

태국의 방콕에 살던 라미가 전생의 표적으로써 부적을 움켜 쥐고 죽은 것은 12년 전의 일이다.

라미의 동생 라쿠츠가 어린애를 낳은 것은 그로부터 2년 뒤의 일이었다.

라쿠츠와 그녀의 남편은 결혼 10년 만에 태어난 아기를 보고 기뻐했다. 그러나 아기의 오른손을 본 사람들은 놀라며 숨을 삼키고 말았다. 놀랍게도 라미가 죽을 때 '전생의 표적'이다 하며 움켜쥐고 있던 부적이 갓난애의 손에 쥐어져 있었기 때문이다.

"믿어지지 않는다."

부부는 곧 라미가 매장되고 있는 무덤에 가서 그 사실을 의

논하고 라미의 무덤을 파 보았다.
"앗! 없다!"
라미의 시체 오른손에 있어야 할 부적이 없었던 것이다.
"역시 이 아이는 죽은 언니의 전생이예요."
다라타라는 이름이 지어졌다. 이 전생 아기는 무럭무럭 자랐다. 다라타는 생후 1년이 되자 술술 말을 했다. 그 지껄이는 것이 라마를 꼭 닮고 있었다. 그뿐인가, 이렇듯 작은 아이가 아버지의 장사에 어드바이스를 하는 것이었다.
더욱이 그 말투 역시 라미를 닮았고, 시키는 대로 하면 으레 장사에 실패가 없었다.

실제 예(2)

헝가리의 수도 부다페스트에 사는 케무(14세)라는 소년은 숙부의 전생이다.
4년 전, 소년은 홍역에 걸려 사망한 일이 있지만 그 3시간 뒤에 소생했다. 이것으로 소년의 육체에 5년 전 죽은 숙부의 영혼이 전생해 온 것이었다.
그 무엇보다 확실한 증거는 소년이 숙부 밖에 모르고 있는 비밀을 말한 사실이었다.

실제 예(3)

1965년 9월 7일, 서독의 카유니 부부 사이에서 여자 아이가 태어났다. 그런데 말을 하게 되자 소녀는 자기가 8년 전 차에 치어 죽은 마루나의 전생이라고 했다. 더욱이 치고 달아난 범인과 차 넘버까지 알고 있어 범인을 붙잡았던 것이다.

또한 소녀는 마루노가 자란 고아원의 일이며 엉덩이에 화상 자국이 크게 나 있고, 그것이 그 고아원에서 생긴 것임을 알고 있었다. 조사해 보니 모두 소녀의 말 그대로였었다.

이상과 같은 전생의 실제 예는 매년 몇건씩 보고되고 있다. 전생 인간은 세계에 수천명은 있다고 생각된다.

현재 연구가들 사이에서 주목되고 있는 것은 '미시마 유끼오'가 과연 전생하느냐 하는 문제이다.

심령치료

현대의학에서도 그 병명조차 모르는 병이 꽤나 있다. 따라서 그것을 고치기는 더욱 불가능하다. 그러한 원인불명의 병을 영력에 의해 고치는 사람이 있다. 그것이 바로 심령치료사, 심령수술사라고 불리우는 사람들이다.

"그의 외과 수술은 세계 제일이다."

브라질의 칸포스 시립병원의 외과부장은 장담을 했다.

이 현대 의학자에 의해 그 솜씨가 보증되고 있는 사람은 유명한 심령수술사 알리고씨이다. 그는 사람들로부터 '닥터 프리츠'라고 불리웠다.

그것은 이런 까닭이다. 알리고는 20여년 전 독일인 프리츠, 프랑스인 뻬에르의 영이 빙의되어 심령수술을 할 수 있게 되었다고 한다. 그런데 지금은 주로 프리츠의 영력으로서 병을 고치고 있기 때문에 이런 별명이 붙었다고 한다.

오전과 오후 두번, 으레 두명의 의사 영이 강신하여 아무리 난치의 병이라도 고치든가 수술하든가 할 수 있다고 알리고 씨는 말했다. 그러나 의사의 영이 내리지 않을 때는 오렌지 밭에서 일하는 아주 평범한 사람이었다.

필자는 알리고로 부터 두번 외과 수술을 받은 적이 있다. 첫번째는 티눈이다. 프리츠의 영력으로 십원짜리 동전 크기의 티눈 두개를 마취도 않고 불과 몇초만에 수술했다.

두번째는 귀 옆에 생긴 혹을 손바닥만으로 수술하여 떼어 주었다.

알리고는 프리츠, 삐에르의 두 의사에 의해 수술, 치료한 환자의 수가 5백명 이상이나 된다고 하며, 병의 종류도 암을 비롯하여 백여 종류에 이른다.

1968년 6월, 19세였던 토나 킬레오사의 몸에 마린네로라는 선원의 영이 붙고 그때부터 심령치료를 할 수 있게 되었다.

그녀도 마린네로의 영이 내리지 않을 때는 밭일을 하는 농민으로서 병에 대해선 아무것도 모른다. 그러나 일단 마린네로의 영이 강신하면 그녀는 어떠한 병이라도 진단하고 환부에 손을 대기만 해도 고치고마는 것이다.

또 쥬레머도 트랭커호어라는 의사의 영이 내리면 전혀 딴 사람처럼 되어 갖가지의 병을 고친다. 쥬레머는 영이 내리고 있지 않을 때는 자동차 정비사인 남편을 돕는 좋은 주부이고, 다섯명의 어린이들 어머니인 것이다.

브라질의 이 세 심령치료사 외에도 필리핀, 아프리카, 동남아시아 등 각지에 꽤 많은 심령치료사가 있고 실제로 난치병이나 불치병을 고친다.

일본에도 이런 심령치료를 하는 사람이 몇명 있다. 다만 일본의 경우 의사 면허를 갖지 않은 사람이 병 치료를 하는 것은 법률로 금지되고 있어 공공연하게는 하지 못한다.

최근 내가 나가사끼에서 만난 사람은 '수호령'의 도움을 받아 아주 놀라운 치료 효과를 올리고 있었다.

일본인의 경우도 영이 내리고 있지 않으면 역시 평범한 사람이다.

영력(靈力)으로 소설을 쓴다

영력으로 소설을 쓰는 사람은 브라질의 우베라파시에 사는 샤피엘씨가 바로 그 사람이다. 그는 집이 가난하고 양친이 일찍 세상을 떠났기 때문에 학교는 초등학교 2학년 밖에 다니지 않았다. 이를테면 문맹자나 다름이 없었다.

"그것은 분명히 열 여덟때였습니다."

샤피엘은 어느덧 무의식 중에 문장을 쓰는 '자동서기'를 하게 되었다.

"나의 소설을 쓰도록…"

어느 날 에마누엘이라는 수백년 전에 죽은 유명한 소설가의 영이 나타나서 말했다.

에마누엘의 영은 샤피엘의 육체를 빌려 미완성의 소설을

을 마치고 싶다고 하였다. 며칠 후 밤이 되자 에마누엘의 영이 샤피엘의 몸에 내리고 그의 손은 전혀 무의식중에 움직여 소설을 쓰기 시작했다.

그리하여 5일 뒤 1천 페이지 남짓한 소설을 완성했다.

"그런 일이…?"

샤피엘이 완성한 소설을 유명한 작가한테 가져 가서 보아 달라고 했는데 좀처럼 믿어주지 않았다. 자기의 이름을 쓰는 게 고작인 샤피엘이 아름다운 문장으로 소설을 썼다는 것은 도저히 생각할 수 없었던 것이다.

자동서기로서 써낸 샤피엘의 소설이 그 문장의 버릇, 독특한 표현 방법 등으로 보아 틀림없는 에마누엘의 것이라고 인정되기 까지 약 2년이 걸렸다. 더욱이 그 감정에 입회한 작가, 평론가는 100명이나 되었다.

그 뒤에도 샤피엘은 쓰무로, 파라키, 아르베스, 노부레, 쥬니케라, 아블레우 등 옛날 작가의 작품을 자동서기로 잇따라 써냈다. 그리하여 이미 100권 이상의 책을 출판하고 있다.

샤피엘이 쓴 소설은 어느 것이나 30만부 이상 팔리고 있다. 이만큼의 자동서기를 할 수 있는 것은 전 세계에서 그 한 사람 뿐이라고 여겨진다.

누이동생의 영이 옮겨 붙어 그림을

서독에 사는 뷔제씨의 누이동생은 화가 지망생이었으나 병에 걸려 허무하게 죽고 말았다. 누이동생이 죽고 나서 2년이 지난 어느 날 뷔제씨의 몸에 누이의 영이 옮겨 붙었다. 그리하여 그리다만 자화상을 뷔제의 손을 빌려 완성시켰던 것이다.

뷔제가 자동서기를 하는 광경을 어머니가 발견했지만, 본인은 전혀 알지 못했다고 한다.

죽은 자의 편지를 자동서기로

미국의 로스엔젤레스에 사는 핼렌은 이제까지 수십통의 사자(死者)의 편지를 자동서기로 쓰고 있다.

핼렌이 처음으로 자동서기로 편지를 쓴 것은 지금부터 11년 전이었다. 연인이 죽고서 반년만에 영이 그녀의 몸에 강신하고, 그녀는 시킨대로 친구에게 보내는 편지를 써냈던 것이다.

자동서기를 하고 있을 때 그녀는 완전히 무의식 상태가 되어 있었고, 그러면서도 손은 펜을 달리고 마침내 써냈다고 한다. 필적도 문장의 버릇도 죽은 사람 그대로이고, 그 점은 연구가에 의해 확실히 인정되고 있다.

자동서기로서 이곳에 소개한 외에도 수십년 전부터 많은 실제 예가 있다. 이러한 영혼의 존재를 무시하고선 생각할 수 없는게 아닐까?

영능력자(靈能力者)

영력을 사용함으로써 죽은 사람과 말할 수 있는 영매라든가, 죽은 사람의 목소리를 듣고 그것을 전해 주는 '이따꼬' '유따'(둘다 일본의 영능력자다)와 같은 능력도 있다.

일부 직업 영매를 제외한 많은 영매는 다른 정상적 직업을 갖고 있으며, '이따꼬' 등은 평소 과수원에서 일하는 시골의 여자였다.

이러한 영매 이따꼬, 유따 등은 각각 수호령이라는 것이 붙어 있고, 그 수호령의 힘이 있어야 비로소 망자의 영을 보든가 또한 이것과 대화를 할 수 있는 것이다.

영능력도 훈련에 의해 개발된다고 흔히 말하고 있지만, 영능력이란 지금 풀이한 것처럼 외부로부터 오는 제3의 힘이므로 그것을 개발하기란 극히 어렵다.

영성(靈性)을 갖고 그것을 트레이닝에 의해 키우는 일은 가능할지도 모른다. 이런 영능력자 외에 녹음기를 사용하여 그것에 망자의 목소리를 녹음한 사람도 있다.

이런 녹음은 누구라도 할 수 있는 것은 아니다. 녹음하는 사람에게 영이 내리고, 영의 힘이 작용되었을 경우에만 그것이 가능한 것이므로, 그렇지 않은 사람은 아무리 녹음기를 사용해도 망자의 목소리가 잡히지 않는 것이다.

영혼은 존재한다

필자는 영혼이 과연 존재하는가? 하는 의문부터 출발하여 몇가지 실제 예를 소개했다.

만일 영혼이 없을 경우 과연 자기의 장례식이 보였던 것일

까? 전생을 알 수가 있는 것일까? 문장이나 소설을 쓸 수가 있었을까? 병은 고칠 수가 있을까? 이같은 물음에 No라고 답하지 않을 수 없다.

영혼이 있고 그것이 활동하고 있기에 이러한 모든게 가능하지 않을까? 영혼이 존재한다는 것은 유령 귀신이라 하는 것, 또한 존재하고 있는게 되지 않을까?

'영혼은 불멸이다'고 옛날부터 일컬어지고 있으며, 이것을 증명하는 이상한 현상도 적지 않을 것이다.

수십년 전의 심령과학 연구의 성과로써 사람이 '죽은 것은 그 육체뿐이고, 영혼은 영원히 사는게 아닐까'하는 가설이 뿌리깊이 주목을 받고 있다.

서독의 과학자 그룹의 연구에 의하면 육체에서 빠져나오는 영혼의 중량은 35g이고 그것은 미립자와 같은 것이며, 이것은 때와 장소에 따라 물질화 된다고 한다. 더욱이 이런 영혼에는 산 인간과 마찬가지로 '의지'도 있다고 한다.

이렇듯 영혼에 관한 연구는 현재 과학적 방법으로 진행 중이다. 왜냐하면 비과학적인 방법으로선 수수께끼를 해명하기가 불가능하기 때문이다.

영국에선 기계를 사용하여 산 인간과 영혼과의 연락을 실험하고 있으며, 상당히 성과를 올리고 있는 모양이다.

육체가 멸망하여 빠져나온 영혼은 인간 세계에 꼭 오기로 정해져 있다고 생각해도 좋으리라. 특히 자살을 하였거나 교통사고 등으로 죽은 영혼은 육체로부터 완전히 빠져 나가지 못하는 경우가 있다.

영혼을 촬영한 심령사진

여행자가 우연히 찍은 사진에 이상한 수수께기의 물체가 나타나 있었다. 때때로 있는 현상이다. 그리하여 그 이상한 물체를 유령, 혹은 영혼은 아닌가 생각하는 것이다.

이런 사진을 심령과학 연구가들은 '심령사진'이라 부르고, 영혼을 해명하는데 있어서 귀중한 자료라고 생각한다. 이런 심령사진에 관해서는 영혼 연구가들 사이에도 찬반양론이 있고, 계속 논의의 대상이 되고 있다.

영(靈)은 눈에 보이지 않는 것으로 되어 있고, 그 때문에 가짜, 엉터리 영능자가 횡행하며 진지하게 연구되는 것이 저해(狙害)되고 있다.

내가 심령사진을 특별히 중시하는 것은 조금이라도 과학적인 수단을 사용하면 영을 연구, 해명하는데 큰 도움이 된다고 생각하기 때문이다. 만일 영혼이 존재하지 않는다면 영은 찍히지 않을 것이고 심령사진 그 자체도 존재하지 않는게 아닐까?

런던에서 발행되는 강령신문의 1973년 10월호에 휴지스씨의 '심령사진에 관한 노래가 아니고 가수'라는 흥미로운 논문이 실렸었다.

인화지 위에 '엉뚱한 사람'이 나타나고 있는 이른바 영사진은 곧잘 사후 부활의 증거를 만들어 내고 있다. 그와 같은 사진을 입수하는 일은 드물게 보는 것도 곤란한 일도 아니다. 그러나 그와 같은 증거를 인정하거나 거부하거나 할때 우리들이 판단하는 대상은 가수이지 '노래'는 아닌 것이다.

심령사진은 현재 탐구되고 있는 키르리언 사진(오라를 촬영하는 것)과는 달리 영매의 존재를 필요로 하고 있으며, 그 때문에 제3자의 마음속에 많은 문제를 만들어 내고 있는 것이다.

메토칼페씨의 심령사진

영국 웨일즈 지방인 웰쉬푸울 근처의 가일즈피일드에 사는 메토칼페씨는 이상한 심령사진을 갖고 있다. 그는 남 앞에 나서는 것을 아주 싫어하므로 그 사진들은 이제껏 공개된 일이 없었다.

이 사진과는 별도로 제3자가 판단할 수 있는 다른 유일한 증거는 그 자신의 증언이라고 그는 느끼고 있다. 그러나 그는 그와 같은 개인적 증언은 중요한 것이 아니라고 생각한다.

메토칼페씨는 나에게 몇 장의 사진을 보여 주었다. 그것은 클레웨의 호우프씨에 의해 촬영된 것이었다.

메토칼페씨는 '누구도 이 플레이트에 손을 가한 일은 없다'고 말하면서 계속해서 다음과 같이 말했다.

"내가 호우프씨를 최초로 방문한 것은 1918년, 제1차 세계대전이 끝나가고 있을 무렵이었다. 아직 소년이던 나는 한 다스의 사진 플레이트를 사기 위한 돈을 모으고 클레웨를 방문했다.

나는 호우프씨가 쓰는 플레이트를 언제나 구입하고 있었다. 그는 이 플레이트를 직접 카메라에 넣었다. 다음에 나는 그와 같이 암실에 가서 플레이트가 현상되는 것을 지켜 보았다.

메토칼페씨는 또 플레이트에 자기의 이름을 써넣었다. 1매의 현상된 사진에 그가 모르는 한 사람의 '엉뚱한 인물'이 찍혀 있는 것을 보았다.

약 10년 뒤인 1927년, 그의 아내인 안네 및 조모와 함께 다른 일련의 사진이 호우프씨에 의해 촬영되었다. 다시 메토칼페씨는 그가 서명한 그 자신의 플레이트를 가져 갔다.

메토칼페 부부가 찍혀 있는 사진은 한 사람의 '엉뚱한 사람'이 찍혀 있고, 그러나 이 엉뚱한 사람은 매우 닮고 있었다. 제 2의 사진에는 두 사람의 '엉뚱한 사람'이 찍혀 있었다.

이들 '여분의 사람'은 매우 선명하게 찍혀 있고, 메토칼페씨의 서명은 어느 사진이나 서명을 확실히 판독할 수가 있었다.

메토칼페씨에 의문을 갖는 심령사진의 비판자들 조차도 그의 심령사진에 대해선 비판에 한계가 있다고 말했다.

이상은 나의 영혼 존재를 연구하는 다섯가지 가설이다.

사후세계를 종교적으로 생각하는 일도 하나의 사고방식이라고 생각하지만, 그것 이상으로 필요한 일은 '영혼'의 존재를 명확히 함으로써 사후세계의 과학적 증명을 하는 편이 더 중요하다고 생각한다.

이런 나의 가설이 어느 날인가 가설이 아니게 되었을 때야말로 '심령과학'이 훌륭한 학문으로써 인정할 때라고 생각한다.

독자가 죽음을, 사후를, 영혼을 생각하는데 있어 참고가 되었으면 다행이라고 생각한다.

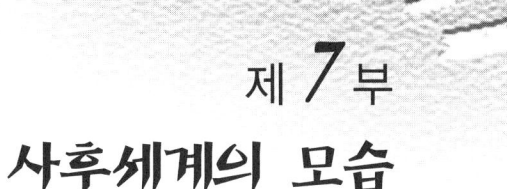

제 7부
사후세계의 모습

생(生)과 사(死)

옛날 중국의 공자는, '미지생언지사(未知生焉知死) – 삶이 어떤 것인지 모르는데 하물며 죽음을 어찌 알겠는가'하고 말했다. 사후의 세계를 탐구한다는 것은, 이런 사고방식으로 한다면 쓸데없는 시간 낭비 외의 아무것도 아닐지 모른다.

허지만 인간의 역사가 시작된 이래 사람은 어느 시대이건 많든 적든 이 문제로 골머리를 썩혀 왔다. '망자의 영'과의 교신을 직업으로 하는 샤아만이나 무당을 비롯하여 역사상 큰 역할을 담당해 온 종교가는 거의 예외없이 '사후의 세계'를 무언가의 형태로 탐구하고 해명함으로써 한 종파의 시조가 되었던 것이다.

'죽음'의 문제를 회피하는 한 '삶'문제도 최종적인 해결을 하지 못한다. 이것이 이른바 종교가나 철학자의 확신임은 예나 지금이나 다름이 없다.

하늘의 도는 사후세계에도 일관된다

앞에 나온 공자는 또 다른 곳에서,
'조문도석사의(朝問道夕死矣)' - 아침에 오른 도(진리)를 깨달았다면 그날 저녁에 죽어도 괜찮다 - 라고 말했다. 이 도는 사후의 세계라도 하나로 꿰뚫는 것이 아니면 안될 것이다.

또 '경원(敬遠)'이란 말도 공자의 논어에서 비롯되었다. '경사신이원지(敬思神而遠之)' - 귀신은 공경하지만 너무 가까이 하지 않는다. 〈논어 옹야편〉

공자의 이 말은 제사 등을 지내며 조상신을 존경하라는 가르침의 근본이 되었지만, 귀신을 무조건 배척하지 말하는 뜻도 포함되어 있다.

'경원'이란 말뜻 그대로 귀신을 인간 생활과 분리시키라는 일반론으로서, 보통의 과학적인 사람이 주장하는 무신론적 사고방식은 결코 아니었다.

공자가 시작한 유교는 종교가 아닌 것처럼 생각되기 쉽지만 그 근본정신은 하늘(=신)이 정한 도(=진리)를 쫓아 사는게 바른 인간의 길이라는 확신인 것이다. 이런 확신은 온갖 세계 종교의 교조와 신자에 공통되는 것이다.

그러므로 이와 같은 확신을 끌어내기 위해 저마다의 종교나 철학에선 사후세계라는 것을 대체 어떤 식으로 생각하는지 알아보기로 하자.

죽음의 인식은 인간만의 특권

이 지구상에 인간이 탄생한 이래, 어떤 시대이든 사람들은 '죽음'이란 것이 있는 한 반드시 '사후세계' 내지 '사후의 생명'에 관해 관심을 가졌다. 이것은 아무리 옛날로 거슬러 올라가도 마찬가지이다.

동물과 인간의 경계를 어디에 두는가 하는 것은 옛날부터 수많은 학자들의 머리를 괴롭혀 온 문제이지만 영장류 인류과인 동물이 인간이 되었을 때 죽음이라는 관념도 시작되었다는 것만은 잘라 말할 수 있다.

동물도 죽는 것엔 변함이 없지만, 그들은 죽음이란 것을 생각하지 못한다. '나는 죽는다'하고 의식을 하고 있음은 인간의 특권이다. 그러므로 동물의 삶 방식은 우리들 인간과 전혀 다르다.

생명활동(생물학적 방응)은 있어도 인간이 살고 있다는 의미에서는 동물은 살고 있다고 할 수 없다.

이것을 철학자들은 '실존한다'고 하는 어려운 말로 표현한다. 즉 동물은 그저 살고 있는 것이고, 인간은 실존하는 것이다.

초목에도 영이 있다

원시시대 즉, 지금부터 수만년 전의 사람들은 인간뿐 아니라 동물이나 초목, 돌도 모두 '생명'을 가졌다고 생각했다. 즉 인간과 마찬가지로 실존한다고 생각했던 것이다.

이런 생명을 그들은 애니머[융의 심리학으로선 남성중의 여성적 요소, animus)는 반대로 여성중의 남성적 요소]라는 이름으로 불렀다. 그리하여 이 애니머는 인간의 육체에 어느 기간 깃들고 있으며, 그것이 지나면 다시 육체를 떠나 무언가 다른 것, 예를 들면 나무나 돌에 깃든다고 생각했다.

이러한 신앙을 종교학자는 애니미즘[정령 숭배도 애니미즘이라 하는데 이것은 영혼이나 천사의 존재를 믿는 것]이라고 불렀다. 민속학자가 양묘제(兩墓制)라 부르는 독특한 풍습은 이것을 극명하게 나타낸다. 일본의 각지에서 행해지고 있는 이런 풍습은 죽은 사람의 육체를 묻는 장소(제1의 무덤)와 그 사람의 영혼 혹은 영을 제사하는 장소(제2의 무덤)를 분명히 구별한다.(예컨대 신사, 신궁, 사당의 건립과 숭배. 일본인은 이런 사당의 분가도 한다)

이것이 가장 소박하고 혹은 원시적 단계의 종교라고 하겠다.

다신교(多神敎)와 유일신 신앙

이런 '영' 또는 '애니머'가 더욱 발전하면 산이나 강이나 숲에도 각각 영이 깃들고 태양이나 달, 별 나아가선 바람, 비, 눈 등의 자연현상도 신격화 된다.

이런 과정을 거쳐 마지막에는 이 우주 전체를 지배하는 '유일신'이라는 신앙까지 도달한다. 물론 모든 민족이 이렇게 되는 것은 아니고, 유태교, 기독교, 이슬람교라는 3개의 자매 종교 신자만이 이 최후 단계에 도달한 셈이었다.

고대 메소포타미아, 그리스, 로마, 그리고 인도나 페르샤에선 '다신교' 즉 복수의 영을 신격화 하는 신앙이 믿어졌고, 인도에선 지금도 다신교가 성행한다.

또한 기독교가 지배한 지역 '주로 유럽의 서남부와 동부'에서도 성모, 성자, 천사와 같은 형태로 복수의 영을 숭배하는 일이 있었고, 불교도 인도네시아, 티벳, 중국, 한국, 일본 등으로 전해지는 과정에서 변용되었다.

특히 불교는 중국에 들어와 중국적 색채가 가미되어 보살, 여래, 명왕, 천(天)과 같은 이름으로 역시 복수의 신격화가 이루어졌다.

갖가지의 사후세계

중국의 고대 문헌에는 '황천(黃泉)'이라는 말이 나온다. 황천은 곧 땅속이란 의미이고, 불교가 전래하기 전에는 이승과 저승 정도의 구별밖에 없었던 것 같다. 불교가 전래됨으로써 '지옥'과 '극락'의 비전이 분명해졌다.

지옥의 '염라대왕'은 인도의 전설로서 처음으로 죽은 야머(Yama)가 사후세계의 지배자가 되어 나중에 오는 망인(亡人)들을 심판하는 역할을 담당하게 된 것이고, 염라대왕은 그 중국식 표현인 것이다.

'삼도천(三途川)'에 해당되는 것은 희랍 신화로 망각(忘却)이다. 이 강을 일단 건느면 이 세상과는 일체 인연이 끊기고, 만일 무언가의 사정으로 다시 한번 이 세상에 태어난다 해도

저 세상의 일은 전혀 기억하지 못한다. 삼도천은 불교와 관계가 있는데 그 확실한 내력은 알 수 없다.

다만 고대의 인도는 산보다 강이 교통에 있어 매우 불편했다. 이쪽 기슭에서 저쪽 기슭을 건느기란 매우 어렵고 그야말로 목숨을 걸어야 했다. 피안[彼岸 : 저쪽 기슭]은 깨달음을 얻은 경지, 곧 부처가 됨을 비유하는 말이지만 이것도 일종의 사후세계이다.

그리스에선 그 뒤 저승은 지옥이 아니고 '지복(至福)의 세계' 또는 '이상의 세계'였고, 이승이 그 반대로 임시적, 불완전한 것이라고 소크라테스와 플라톤은 생각했다.

기독교의 '천국'도 이런 희랍적 요소가 계승되고 있다. 훨씬 후세의 유토피아 사상도 여기에 속한다.

고대 이집트의 〈사자의 글〉을 보면 사후세계를 지배하는 오

싸이어리스(Osiris)가 망인의 생전 행동을 조사하기 위해 그 심장을 저울에 달고, 만일 '악'쪽이 많다면 저울대가 그 쪽으로 기울어지고, 벌로써 영원한 지옥에 떨어진다고 씌어 있다.

이런 사고방식은 기독교의 '최후의 심판'에도 살아있는 것이다.

이 세상의 마지막 날, 곧 심판의 날이 오면 모든 인간의 영혼이 심판을 받는다. 이때 예수 그리스도를 믿는 사람의 넋은 구원되어 천국에 들어가고, 그렇지 않은 사람의 넋은 지옥의 불로 태워진다고 기독교에선 말하고 있다.

기독교에선 사물의 시간적 진행이 이를테면 일직선으로 되어 있어 '되돌아 옴'도 '순환'도 없다. 그런데 희랍인이나 인도인의 사고방식으로선 순환이 있고, 그것이 갖가지의 것으로 바뀌어 태어나든가 죽음으로 바뀌는 '윤회전생'이란 형태로 등장한다.

윤회전생(輪廻轉生)

희랍인으로 윤회전생을 처음으로 주장한 철학자는 시칠리아의 에트나 화산의 화구에 투신한 엠페토크레스(BC 490-430)이다.

그는 기원전 490년쯤 당시 희랍인의 식민도시 폴리스의 하나로서 상업도시로 번영한 시칠리아의 아쿠리켄트에서 태어났다.

젊었을 적의 그는 '인민당'이라는 혁명 조직에 참가하여 유격대를 지휘하기도 했지만 이윽고 그리스 전역에 알려진 철학자, 시인, 연설가, 기사, 의사, 자연과학자 겸 승려가 되었다.

저작물은 일부밖에 남아있지 않지만 종교적, 신비적인 사상으로써 '넋의 유전(流轉)'이 주장되고 있다. 그것에 의하면 인간의 넋은 천국의 고향으로부터 추방되어 이 세상의 '슬픔의 골짜기'를 방황하는 운명이 되었고, 저지른 죄를 갚기 위해 온갖 형태로 모습을 바꾸면서 이 세상의 괴로움을 맛본다고 한다.

그 자신이 엠페토크레스도 이미 전생에서 소녀며 새나 물고기로서 살아왔다고 한다. 숙명을 벗어나고 다시 하늘의 고향으로 돌아가기 위해서는 계단을 한 계단 한 계단 오르듯이 하등(下等)의 존재로부터 조금씩 고등(高等)의 존재로 환생되는 '죄 갚음의 길'을 걸어가야 한다.

같은 인간 중에도 하등(下等)과 상등(上等)이 있고, 걸인이나 범죄자로써 괴로워 한 자는 다음 세상에선 조금 나은 인간으로 태어나고, 바르게 산자는 그 다음의 세상에서 겨우 예언자나 음유시인, 의사, 군주와 같은 고급 인간이 되며, 마지막으로 하늘 아래에 돌아감을 허락 받는다[불교의 윤회전생은 이것과 좀 다르고 자타카에선 석가모니가 전세에서 왕자, 걸인, 사자, 벌레 등 순서없이 환생하고 있다.]

아무튼 이런 사고방식은 기독교(=유태교)의 원죄 '아담과 이브의 낙원추방' 비슷한 요소도 있지만 그것보다 오히려 불교에서 주장하는 '육도윤회' 쪽에 훨씬 가깝다[석가모니의 자타카는 남방불교에서 행해지고 육도윤회는 북방불교 계통임]. 즉 육도의 지옥 → 아귀 → 축생 → 인간 → 천(天) → 부처라는 생각은 인도 고대 아리아인으로부터 온 것이지만, 이것의 구체적, 과학적 증명이 되는 몇가지 오칼트 현상을 소개하기로 한다.

전세(前世)를 말하는 주부

1956년 영국 데번주 토키시에서 헨리(32세)라는 주부가 최면요법을 받고 있었는데, 갑자기
"나는 전생에 메어리 코헨이라는 아일랜드 소녀였어요."
라고 지껄이기 시작했다. 더욱이 유도를 계속했더니 그녀는 1790년쯤에 결혼식을 올렸을 때의 광경을 말하고,
"나는 정말로 결혼하고 싶지 않았는데 어머니가 강제로 권해서 마지못해 했던 거예요. 그리하여 결혼하고서 남편에게 얻어맞아 다리 뼈가 부러진 게 원인이 되어 죽었습니다."
고 했다. 그때 그녀의 심장이 5초간 멎었다고 한다.

백부(伯父)가 전생한 청년

스리랑카에서 1974년에 태어난 위자라토니는 오른팔이 없었고, 두살 반이 되었을때,
"나의 오른팔이 없는 것은 전세에서 나의 아내를 죽였기 때문이야."
라고 중얼거리는 것을 어머니가 들었다. 모두가 캐어 물었더

니 그는,

"나는 본디 라트란 하미(본인의 백부로서 실재 인물)로서 결혼식을 올리기 전 집에 오라고 하자 아내가 거절했기 때문에 흥분하여 나이프로 찔러 죽였고, 재판 결과 사형이 되었던 거야." 라고 고백했다.

나폴레옹 시대의 해군 포수

최면상태에 빠진 어떤 사내가 전생에서 나폴레옹 시대 해군 포수를 하던 일이 생각났으므로 당시 해군의 생활에 대해 아주 세밀한 증언을 했다. 이것을 녹음하여 마운트라는 장군이 해군사의 전문가들에게 들려 주었다고 한다.

13세기에 화형된 스미드 부인

영국의 정신과 전문의사인 A.길덤 박사는 어느 여성 환자에 관하여 이렇게 말했다.
그 환자는 카다리파[중세 지독교의 이단파로서 가혹하게 탄압됨]의 의식이나 관습을 한번도 연구한 적이 없는데 그것에 관해 자세히 알고 있었다.
그녀는 이 지식의 일부를 꿈에서 감득했고, 다른 일부를 자주 꾸는 악몽에서 얻었으며, 다시 다른 일부를 그녀가 비존이라 부르는 것부터 얻었지만, 그 대부분은 10대 초 여학생일

때 부득이 썼던 이야기나 메모에 의해 제공된 것이었다.

그녀가 그 나이로서 카다리파의 상세한 문헌을 읽은 찬스를 가졌을 가능성은 거의 없었다. 그녀는 자기가 알고 있던 사제는 짙은 청색의 긴 옷을 입고 있었다고까지 연신 주장했지만 그녀가 이런 사실을 깨달은 것은 20년 전이었다.

카다리파의 사제들이 때로는 짙은 청색이나 녹색의 옷을 입었음이 입증된 것은 바로 2~3년 전의 일이건만.

이 이야기의 계속은 좀더 괴상한데, 이 환자(스미드 부인이라고 한다)는 실인즉, 13세기에 가톨릭 교도의 집에 태어난 쁘에릴리아라는 이름의 여성으로서 눈이 크게 내린 날 우연히 잘 곳을 찾아 피난해 온 카다리파의 사제인지 설교사(이는 길덤 박사의 전생 모습)와 사랑에 빠지고, 종파가 다른 두 사람은 가출하여 함께 살게 된다. 그런데 남편(로저라고 함)은 가톨릭파에 붙잡혀 옥사하고, 그녀 자신도 체포되어 화형을 당한다. 스미드 부인은 그 죽음의 광경을 이렇게 말했다.

"불길에 싸여 처형될 때 피가 흐른다는 것을 저는 몰랐습니다. 저는 무서운 열기로 피가 전부 말라버리는 줄 알았던 거예요. 그런데 저는 다량으로 출혈을 하고 있었습니다. 불길 속에서 피가 뚝뚝 떨어지고 지글지글 소리를 내고 있었지요. 나는 불길을 끌수 있을 만한 피가 있으면 하고 생각했습니다. 가장 심했던 것은 눈입니다. 눈꺼풀을 감으려 아무리 노력해도 감을 수가 없었습니다. 눈꺼풀이 타버려 없었을 거예요."

최면현상에 관하여

이런 것의 사실을 확인하기 위한 최면현상에 관하여 어느 정도 기본적인 것을 알아 둘 필요가 있다고 생각된다.

일반 사람들은 최면술이라고 하면 무언가 요사스런 구경거리나 사람의 눈속임을 하는 마술 따위로 여기고 있지만, 애당초 '최면술'이란 것은 존재하고 있지 않다. 최면현상 또는 트란스[황홀상태, 무당 강신 등] 상태라는게 있을 뿐이다. 그것은 마치 연애술이란게 없지만 연애현상이란 것은 명백히 존재하는 것과 같은 일이다.

이런 현상, 곧 최면상태라는 것은 전문적으로 말하면 크게 7단계로 나눠지고, 최초의 3단계까지는 거의 어떤 사람이라도 도달할 수 있다.

얕은 쪽부터 차례로 말하면 각성암시 → 운동지배 → 지각

지배→ 최면성 환각→ 최면성 망각→ 후퇴면현상→ 가사상태가 된다.

좀더 자세히 40단계 정도로 나누는 학자도 있지만, 보통은 이 7단계의 분류로 충분하다. 확실히 말할 수 있는 것은 최면상태가 되기 쉬운 사람과 되기 어려운 사람이 있고, 이런 '되기 쉬움[피암시성 또는 최면 감수성]은 지능의 정도와 관계가 있다고 한다.

감수성이 높은 사람일수록 지능도 높다. 따라서 말을 이해 못하는 유아와 노인성 치매, 즉 나이를 먹어 망령이 든 사람은 이 상태를 경험하기가 곤란하다.

또한 최면건망이나 후최면현상과 같은 고차원의 단계에는 전체의 약 45%의 사람밖에 도달하지 못한다. 최고 단계인 가사상태는 요가의 달인과 같은 특수한 수련을 거친 사람밖에 도달하지 못하는 울트라 C(Ultra-C)급의 현상이다.

최면성 환각에도 한도가

그런데 앞에서의 스미드 부인의 오칼트(신비)적인 현상은 보통으로 생각하면 한낱 최면성 환각= 일류전(illusion)이 일으키는 것에 불과하다고 생각된다.

그러나 이런 환각은 본인이 사전에 전혀 알 까닭이 없는 사항만으로서 성립돼 있고, 더욱이 그것을 중세사의 전문가들이 모두 사실이라 인정하고 입증하고 있는 것이다.

그 위에 마지막의 화형 묘사는 자기로서 직접 체험한 사람이 아니면 도저히 불가능할 만큼의 박진감을 갖고 있다. 이것은 아무리 보아도 단순한 최면현상은 아니고 전생이라는 것을 인정하지 않는 한 절대로 풀릴 수 없는 수수께끼라고 밖에 할 수 없다. 다른 예에 대해서도 같은 말을 할 수 있다.

이중인격을 만들다

물론 최면성의 환각을 응용하여 전혀 아무런 관계도 없는 보통의 사람을, 이 스미드 부인과 같은 상태로 만드는 것은 가능하다. 한낱 '구경거리'로서 센세이션을 일으키는게 목적이라면 10명 가운데 9명까지 확실히 성공한다. 그러므로 '나는 나폴레옹의 전생'이니 '예수 그리스도의 부활'이니 하며 본인(피실험자)이 말하거나 확신할 뿐의 것이라면 한낱 쇼라고 취급되어도 할 수가 없으리라.

한 단계 위의 건망(健忘)=엠니지어(amnesia)는 대체로 보통 사람 중 두 사람에 한명은 도달 가능하므로 지킬과 하이드와 같은 이른바 완전한 이중성격의 사람을 인공적으로 만들어 낼수도 있다.

보스턴의 교살마(絞殺魔)

이런 이중인격자로서는 수년 전에 영화로도 된 '보스턴의 교살마'가 있다. 평소에는 두 아이의 아버지로서 애처가이기도 한 평범한 수도 수리공이 어느 순간부터 돌연 교살마로 변신하여 잇따라 수도 공사를 부탁한 사람들을 목졸라 죽이는데, 집에 돌아가면 그때의 일은 아무것도 기억에 없고, 자기가 범죄를 저지른 것도 전혀 모른다.

최면요법의 전문가가 분석하여 비로소 그는 자기가 교살마였음을 알고 미치고 만다. 이것은 이른바 자연발생적 이중성격인데, 시험적으로 보통의 사람을 영화 스타나 정치가, 역사상의 인물로 변신시키는 일이라면 최면으로서도 충분히 가능하다. 그러나 그것은 어디까지나 본인이 그 유명인에 관해 얼마쯤인가 지식이 있을 경우에 한한다.

스미드 부인이나 그밖의 예로선 그와 같은 지식이 전무했으므로 아무래도 전생이라고 밖에 생각할 수 없는 것이다.

후최면 현상

후최면 현상은 보통의 사람이 도달할 수 있는 최고의 단계이고, 이것은 최면상태에서 깬 뒤까지 암시의 효력이 계속 작용하는 경우이다.

이것에 의해 변신 혹은 전생이 참된 의미로서 완성되는 것이다. 피실험자는 그 이전의 자기와는 다른 '새 인간'이 되어 재출발한다.

프로이트가 창시한 정신분석도 이것과 같은 말을 할 수 있다. 이것은 앞서의 이중인격이 자연발생 혹은 우연에 의해 일어나는 것과 마찬가지로 무언가의 충격이나 이상체험에 의해서도 불러일으켜지는 것인데, 좋은 지도자에 의한 적절한 컨트롤이 있다면 마음에 아무런 상처를 입는 일 없이 자연스레 이상적으로 '바람직한 새로운 자기로 재생할 수가 있다.

선(禪)의 깨달음과 회심(回心)

이른바 '선의 깨달음'이나 종교가가 '회심(回心)'이라 부르는 체험[그리스도의 사도바울의 체험이 그 전형이다] 등은 이것에 무엇인가 덧붙여진 보다 고차원의 단계로서, 요가 행자의 가사상태와 함께 일곱번째의 울트라 C급 슈퍼트란스 상태를 구성한다.

선(禪)에선 이것을 '백두간두금일보'(백 길의 장대꼭대기처럼 위태로운 상태에서 한걸음 더 나아간다)라든가 '벼랑 끝에

서 손을 떼고 절명한 뒤 다시 소생한다'는 비유로 표현한다. 기독교도가 말하는 '부활'이 이런 것인지도 모른다.

다만 이것이 역사를 장식한 몇 사람인가의 '선택된 사람들' 만의 체험이 아니고 그런 생각으로 불철주야 끊임없이 수양을 계속한다면 누구라도 맛볼 수 있어야 된다. 또한 실제로 그러하다.

재생이란 무엇인가?

재생에 관하여 좀더 자세히 검토해 보자. 무엇이 재생되는 것일까? 육체일까? 예수 그리스도나 나사로는 부활했지만, 그것은 육체가 부활한 것일까? 아니면 전세에서 새나 고기였던 사람이 이 세상에선 인간으로 환생하고 전세에서 범죄자이거나 화형을 당한 사람이 이 세상에서 평범한 주부나 샐러리맨으로 재생하든가 함은 무엇을 의미하는가?

장주(莊周)의 사상

지금부터 23년쯤 전 중국의 춘추전국시대에 장주라는 사상가가 있었다. 그는 〈장자〉라는 책을 남기고 있는데 그 중에 이런 구절이 있다.

'언젠가 나(장주)는 꿈속에서 호랑나비가 되어 있었다. 그때 나는 완전히 호랑나비가 되어 버려 너울너울 놀며 즐기고 있었다. 다만 즐거울 뿐으로서 자기가 장주임을 고스란히 잊

었다. 그런데 갑자기 깨어나고 보니 자기는 분명한 장주였었다. 대체 장주가 꿈속에서 호랑나비가 되어 있었는지 호랑나비가 이승에서 장주가 되었는지 나로선 모르겠다. 장주와 호랑나비로선 확실히 구별이 있을게 아닌가. 그런 구별이 되지 않다니 대체 무슨 까닭일까? 다름이 아니라 그것은 사물의 변화라는게 있기 때문이다.'〈장자 제물론 편〉

여기에 이와 같은 문제 일체의 궁극적 해답이 있는 것 같다. 오칼트현상에 관한 상식적(과학적)인 의문, 예를 들어 '스미드 부인은 꿈속에서 뿌에릴리이라는 여성이 되어 화형의 고통을 마치 진짜인 것처럼 체험한 게 아닐까?'하는 의문은 이것을 완전히 뒤집어 '화형당한 카달리파의 여성이 20세기의 평범한 주부가 되어 연인의 자취를 남기는 정신과 의사와 재회한 것이 아닐까'하는 식으로 재인식할 수 있는 게 아닐까?

20세기의 샐러리맨과 나폴레옹 시대의 포병, 범죄자 라트란 하미와 오른팔이 없는 어린이 위자라트니, 주부 네이아미 헨리와 소녀 메어리 코헨, 교살마와 수도 수리공, 이런 것도 모두 장주와 호랑나비의 관계와 마찬가지로 어느 쪽이 진짜이고 어느 쪽이 가짜라고 단정할 수는 없는게 아닐까?

실인생(室人生)의 꿈

꿈속에서 술을 마시며 즐거워 하는 자가 아침이 되어 슬픈 현실에 우는 일이 있다. 반대로 꿈속에서 울던 자가 아침이 되면 언제 그랬냐는 듯이 사냥을 나가든가 한다. 꿈과 현실은 이렇듯 다른 것이다.

  그런데 꿈을 꾸는 동안은 그것이 꿈인지를 모르고, 꿈속에서 꿈 점을 보는 일마저 있을 정도며, 잠이 깨고서야 비로소 꿈이었음을 깨닫는다. 그러므로 참된 깨달음이 있어야 비로소 인생이 큰 꿈임을 아는 것이다.

  그렇건만 세상의 어리석은 자들은 스스로가 잠이 깨어 있는 줄로 알고 얕은 지혜로서 아는 체를 하며 '저것은 귀하다. 이것은 천하다'는 등 차별의 뜻을 작용시키는 것이다. 어리석다고 할 수 있지 않는가. 이렇게 말하는 나도 실은 너와 함께 꿈을 꾸고 있는 것이다.

  아니, '너는 꿈을 꾸고 있는 거다.' 하는 내 자신도 꿈속에서 말하고 있는지도 모른다. 이런 이야기를 조궤(弔詭), 기묘하기 이를데 없는 이야기라고 하지. 이런 기묘한 이야기를 아는 대성인(大聖人)을 만나는 일은 극히 드물고 비록 천년만년 사이에 하나라도 만났다고 한다면 그것은 어지간히 큰 행복이다.

〈장자 제물론 편〉

참세계인가, 임시의 세상인가?

  과학적인 사람들이 단 한번 밖에 없는 세계라고 하고 더할 데 없이 소중히 하는 이 실인생이 오히려 꿈이나 환상처럼 덧없는 것이고, 임시적 세상, 가짜인 세계라는 사고방식은 불교에도, 기독교에도 당연히 있지만, 고대의 그리스인 또한 그렇게 생각했다.

3대 극시인(劇詩人)의 하나인 소포클레스는,
"가장 좋은 일은 태어나지 않는 일이다. 다음으로 좋은 일은 태어났다 하더라도 곧 죽는 일이다."
라고 말했다. 현대인은 이것을 들으면 무언가 엄청난 염세사상처럼 받아들일지 모르지만 장자의 사상이 단순한 죽음의 찬미가 아닌 것과 마찬가지로 고대 그리스인의 철학도 결코 '이 세상에 절망하여 자포자기가 된 사람들'의 사상은 아니었다.

'악법도 법이다'라고 하면서 독배를 마신 소크라테스는 명백히 '좀더 좋은 세상에 가서 먼저 간 호메로스나 다른 위인, 영웅들과 술을 나눠 마신다'라는 것을 즐거움으로 기대했다.

플라톤을 동경하면서 죽음을 앞둔 소크라테스에겐 염세나 절망같은 그림자는 티끌만치도 없다. 십자가 상의 예수도 마

제7부 사후세계의 모습

찬가지인 것이다.

 어떠한 짓을 해서라도 이 세상의 쾌락에 매달리고, 어떠한 희생을 치뤄서라도 육체의 생명 연장만을 실현코저 하는 '의학의 노예'인 현대인으로선 이런 사상이 이해가 되지 않을런지도 모른다.

생과 사의 기로에서

 사후의 세계를 다녀왔다는 사람들의 고백중 공통점은 그 체험이 매우 기분좋은 것이었다는 것이다. 이들 사후세계를 체험한 사람들은 그 순간만은 고통이 없었다는 것이다. 또한 많은 이들이 사후세계에 대해 좋은 인상을 갖고 있고, 즐거웠다는 느낌마저 갖고 있다는 것이다.

 이들 체험자중 미국 위스콘신주에 거주하는 어느 젊은이는 대수술을 받았을 때의 일을 다음과 같이 이야기하고 있기도 하다.

 "내가 회복실에 있을 때에 호흡이 멎어버렸습니다. 의사와 간호원이 응급조치를 취하고 있는 동안 나는 자 자신이 내 몸 안에 있지 않았던 것 같은 느낌이 들었습니다. 또한 의사와 간호원이 치료를 하면서 건네는 소리를 다 듣고 있었습니다. 내가 있던 곳은 캄캄하게 어두웠고, 내 자신이 허공에 떠 있었고, 나를 치료하는 모습을 위에서 내려다보고 있었어요. 그 때 내 마음은 아주 평온했어요."

 한편 미 오하이오주에 거주하는 60세의 한 남성은 심장발작을 일으켜 병원에 옮겨져 치료를 받았는데 그 때의 일을 회상하며, 아주 멋있는 체험이었고, 되살아나고 싶지 않았지만 애타게 기다리는 가족들을 위해 되돌아 왔다고 했다.

또한 미 펜실베이나주에 거주하는 32세의 남성은 자신의 체험담을 들려 주었는데, 그는 두가지 병원균에 감염되어 병원에 입원하고 있었는데 어느 순간 설명하기 어려운 예리한 아픔이 순간 느껴져 옆에 있던 친구에게 십자가를 갖다 달라고 부탁했다. 마치 자신이 곧 죽으리라는 예감이 왔기 때문에 하나님의 도움을 받고저 함이었다. 십자가를 받아들자 마자 그는 곧 의식을 잃었다. 몇시간 후에 깨어난 그는 전혀 아픔을 느끼지 않았고, 그저 구름 위에 둥실 둥실 떠있는 듯한 기분이었다고 말했다.

이같은 사후세계를 체험한 사람들의 고백에 의하면 본인은 육체의 고통이 순간 사라지면서 즐겁고 편안한 상태로, 때로는 아주 즐거운 상태였다고 말하고 있다.

우리 몸에는 고통과 긴장을 어느 정도까지는 받아들이지만 한계를 넘어서면 고통이 없다기 보다는 오히려 기분이 좋은 상태로 이끄는 무의식적인 심리 과정이 갖추어져 있다고 전문가들은 말하고 있다.

빛과 생명체

사후세계를 체험한 사람들 중 임사체험중에 빛을 보았다고 증언하는 사람들은 극소수에 지나지 않는다. 따라서 이같은 현상은 체험의 전형적인 것으로 여기고 있는 사람들도 있지만 그렇게 속단할 수만은 없는 것이다. 허지만 그 빛이 불가사의한 사건 가운데서 중요한 부분을 이루고 있기도 하다.

미 아이오와주에 거주하는 32세 주부는 다음과 같이 증언하고 있다.

"나는 기관지에 설탕이 들어가 질식할 것 같았습니다. 처음에는 숨을 쉬어 보려고 애써 보았지만 다음 순간 갑자기 괴로움이나 마음의 동요도 사라졌습니다. 주위는 어둡고 서늘했습니다. 그때 누군가가 다가 와 나의 팔을 잡아끌며 어디론가로 갔습니다. 나는 그 사람에게 이끌려 긴 복도로 나갔는데, 걸어간다기 보다는 허공에 떠있는 상태였습니다. 복도를 지나자 이승에서 보지 못했던 아름답고 선명한 보라색의 반짝이는 빛이 보이기 시작했습니다. 그곳은 길 모퉁이었는데, 거기를 돌아가면 나를 구원해줄 하나님을 만날 수 있을 것 같았습니다. 가는 동안 무척 초조하고 안타까운 느낌이 들곤 했습니다. 허지만 나는 결국 그 길 모퉁이를 돌아가지 않았습니다. 왜냐하면 그 전에 되살아났기 때문입니다. 그리고 10년 전에 돌아가신 할아버지를 만난 듯한 느낌이 들기도 했습니다. 그 당시 내 마음은 평안함과 사랑으로 충만해져 있었어요."

사후세계를 체험한 사람들이 보았다는 빛은 과학적으로나 종교적인 입장에서 여러 가지로 설명할 수 있겠다.

일부 의학자들은 뇌에는 사람을 흥분시키는 기능이 있는데 정상적인 기능을 일시적으로 혼란시킴으로써, 뇌의 일부에 조절 능력을 넘어선 흥분상태가 불러일으켜지는 게 아닌가 추측하고 있기도 하다. 그러한 상태가 되면 실제로는 빛이 없어도 빛을 느낄 수 있다는 것이다.

또한 뇌에 어떤 발작이 생겼을 때에도 눈 앞에 빛이 번쩍 퍼져 가고 있는 것처럼 보인다는 것이다. 따라서 이같은 현상을 심리학자나 생리학자들은 공감각(共感覺)이라고 부르고 있는데, 이는 전혀 다른 감각이 자극되었음에도 불구하고 내면적으로 어느 특정한 감각이 생기는 것을 말한다.

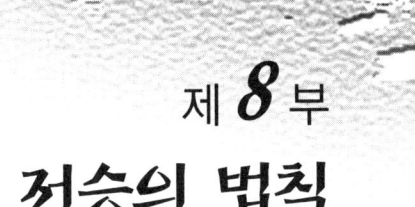

제 8부
저승의 법칙

저승의 구조

다음은 저승의 구조에 관하여 세계적인 심령학자인 한스 홀쩌가 저술한 〈사후의 생명〉에서 살펴보기로 하자.

저승인 비구상세계(非具象世界)에 있어서는 끼리끼리 모이게 마련이다. 이것은 물론 민족이나 종교, 나이, 재산과는 하등 관련이 없으며, 인간이 지닌 본질적인 요소, 즉 영적 자아에 의한 것이다.

육체가 죽은 뒤에 남는 것은 전인격(全人格)이 아니다. 엄밀하게 이야기한다면 뒤에 남은 것은 정동적 자아(情動的自我)인 것이다.

이와 관련이 없는 다른 상황은 곧 불필요한 것으로서 버려진다. 5년 전의 전화번호가 몇 번이었던가 하는 기억은 '가져갈' 만한 가치가 없기 때문이다. 그러나 굉장한 기쁨이나 결혼, 친구와의 우정, 즐거운 여행, 또는 이와는 반대로 커다란 비극이나 작은 비관, 이들은 모두 기억되어 영적 자아의 일부로서 남게 된다.

보통 죽음, 즉 질병, 쇠약 등 크거나 작거나 간에 평범한 죽음의 경우, 저승으로의 이동은 당연히 빨라지게 마련이고 방해받는 일도 없게 마련이다.

그 죽은 사람은 저승의 근친자(近親者)와 친구— 전부가 아니라 영적으로 친밀한 사람들에게 둘러 싸여서 눈을 뜨게 되며 생명이 계속된다.

처음에는 이승인 땅 위에 살았을 때의 생활습관을 모델로 한 생활을 하게 된다. 이승에서 옮겨 온 자기와 다를바 없으니까 계속되는 생명의 거의 대부분은 전날의 기억과 습관 양식, 땅 위에서의 육체적 생명을 지니고 있었던 기간 안에 축적된 정동(精動) 자극으로부터 이루어진다.

차차 새로운 지식과 자기 자신에 대한 새로운 관념을 얻게 되어 그것들을 자기의 사고방식에 맞추게 됨으로써 자기 자신에게 앞으로 도움이 되지 않는 것은 떨쳐 버리게 된다. 즉, 자기 자신이 가장 좋았던 시절이라고 스스로 인정하는 상태로 돌아간다는 이야기이다. 이것은 '지배령(支配靈)'이 명령하는 상태가 아니며, 사실에 있어서 '저승'은 우리들이 알고 있는 것과 같은 일체의 강제에서 해방된 곳이다.

그곳에서는 법은 힘보다도 오히려 도덕적인 압박으로 관리된다. 새로 도착을 해도 자기들의 가장 좋았던 시절로 돌아갈 수 없는 사람들도 있을지 모르겠고, 노년기의 자기가 더 좋다고 생각하는 영혼도 있으리라고 생각된다.

이렇게 되는 과정은 완전히 자발적인 것이며, 자기가 자기 자신을 조정할 수 있으므로 이런 온갖 소망은 이루어질 수 있다. 그 또는 그녀가 이승에 살았을 때의 자기의 모습을 유지

할 수 있듯이, 물론 타인과 같이 될 수도 있다.

　의복에 대한 문제는, 필자는 이 점에 대해서 질문하는 사람들을 매우 딱하게 생각하고 있다. 상념의 세계에 살고 있는 사람들에게 있어서 옷을 입는다는 것이 어떻게 가능할 수 있겠느냐 하는 생각을 가졌기 때문이다.

　대답은 아주 간단하다. 모든 것이 아주 간단하다. 모든 것이 상념의 창조물로서 이루어져 있는 세계에 있어서는 젊고 새로운 육체와 멋진 옷을 만들어 내는 데는 차이가 없다. 개인이 자기가 입고 있다고 생각하는 옷을 생각해 낼 수 있는 한, 그는 그 옷을 입게 된다. 즉, 타인의 눈에 어떻게 보이게 되느냐 하는 것 뿐이라는 이야기이다.

　그는 이승의 집에 영매를 통해서거나 또는 직접 귀환여행을 하게 되는 경우, 육체 세계에 살고 있는 근친들을 생각해서 옛날의 모습 그대로 나타날지도 모른다.

　땅 위에서 평소 입고 있던 옷과 영계에 있어서의 그 복체가 어느 정도 비슷한가는 먼저 입었던 옷의 모양을 시각화 시킬 수 있는 본인의 능력에 달려 있다. 그런 옷을 걸친 자기의 모습을 시각적으로 재생시키는 일이 능숙하면 능숙할수록 자신의 영체를 정확하게 재생시킬 수 있을 것이다.

　생각이 달라지거나 먼저 모습으로 되돌아 가고 싶지 않다고 생각하지 않는 한, 완전히 이승에서 살아 있었을 때와 똑같은 모습을 하고 있을 수는 없다는 이야기이다.

　상처를 입고 살해당하는 등 영계로 갈수가 없어서, 세상에서 유령이라고 말해지는, 땅위 세계인 이승과 인연이 끊어지지 않은 영혼들은, 그 전의 자기 모습으로 되돌아 가거나 입고 싶은 옷을 입을 수 있는 이 같은 자유가 없다.

그들은 아직 '저승'의 주민이 아니며, 두개의 세계 중간대에 사로잡혀 있거나 좀더 나쁜 경우에는 물에서 뛰쳐나온 물고기와 같은 상태에서 저승(구상세계)에 놓여 있는 것이다. 이와같은 문제에 대해서 필자는 몇 권의 책을 쓴바 있고, 영계로 들어오는 문턱 근처에서 헤매고 있는 이들 많은 불행한 사람들의 영혼을 좋은 영매의 힘을 빌려서 어떻게 구제할 수 있는가에 대해서 해설한바 있다.

저승에 도착한 새로운 영혼은 먼저 근친과 친구들에게 둘러싸여서 대기실이라고 할 수 있는 곳에 안내된다. 이곳에서 더 여행을 계속해도 좋은가? 병원에 입원해 할 것인가? 한동안 관찰할 필요가 있는가 등을 조사받게 된다.

우리들이 알고 있는 것과 같은 시간은 저승인 비구상세계에는 없지만, 이승에는 말하는 2,3주일 정도를 사후의 예진(豫診)단계에서 보내는 일은 흔하다.

육체의 죽음에 앞서서 오랫동안 질병으로 고생하고 있었을 경우에는 특히 이것이 필요하다. 육체의 파멸은 에테르체, 즉 영적 자아의 상태를 손상시키지는 않지만, 오래 끈 질병은 인격정동부(人格情動部)에 주는 고통상태를 만들어 내기 때문에 이승의 경계선을 넘어오는 영혼에게 대단히 약해진 상태에서 문제를 안겨 준다.

그들 고통받는 영혼에 대한 판단 기간은 절대 필요한 것이며, 그것은 사람이 아무것도 의식하지 않는 깊이 잠들어 있는 상태와 비슷하다. 그것은 꿈도 꾸지 않는 상태이며, 그를 둘러 싸고 있는 일체의 어떤 것과도 관계가 없는 상태이다.

그런 과정이 지난 뒤에, 그는 앞으로 나가도록 허용되는데, 대개는 지정된 안내자의 도움을 받게 된다. 저승에서의 안내자는 꼭 먼저 이승을 떠난 근친이나 친구이어야 할 필요는 없으며, 새로운 환경에 그를 익숙하게 만들 임무가 주어진 영혼이면 어느 누구라도 좋다.

필자는 누가 이런 지시를 내리는 것인가 상당히 궁금하게 여겨 여러 가지로 알아보려고 꽤 애도 써보았지만, 아직 누가 '저승'의 최고 책임자인가를 알아내지는 못했다. 그것은 항상 '주님들'로부터 지시를 받은 영혼들이 맡는 일이며, 이들 영혼들은 보통 영혼들보다 진보해 있던가 기능이 발달되어 있을 따름이다. 그러나 '주님들'은 이른바 초인이나 성인은 아니며, 전날에는 당신이나 필자와 같은 사람이었던 분들이라고 한다. 그러나 누가 '주님들'에게 지시를 내리는지는 필자로서는 분명히 밝힐 수가 없다.

좀더 적당한 말을 찾기까지 필자는 이 조직을 저승에서의 '이층의 어린이들'이라든가, '감독청'이라고 부르기도 했다. 그 법칙이 매우 실효적이라는 것을 필자는 이해했다. 만일 자기의 이미지를 고치고 싶다고 생각하면, 이승의 학교에 해당되는 곳에서 공부를 하면 그렇게 될 수가 있다. 더욱이 생명은 영속하는 것이라는 관념을 갖지 않고 저승으로 넘어 온 대다수의 사람들은 새로운 사실체계(事實體系)를 배우고 교회나 과학자들이 땅 위에서 그들에게 가르친 것과는 전혀 틀리는 개념에 적응하지 않으면 안된다.

영감각(靈感覺)에 있어서의 진보는 가능하며 또한 그렇게 되기를 바라고 있는 것도 사실이다. 그러나 영혼의 발달 정도가 낮은 사람이 다시 자기도 그렇게 되고 싶다는 생각만 가지고는 발달된 영혼들과 나란히 갈수는 없다고 생각된다.

이와 같은 사람이 자기가 놓여져 있는 평면에서 나와 보다 높은 수준의 평면으로 들어가려고 애를 쓰게 되면 결국은 숨이 막혀 버리게 된다. 한편 높은 수준에 있는 영혼은 낮은 곳을 마음대로 방문할 수가 있다.

이것은 쉽게 이해될 수 있는 일이다. 결국 에테르체의 보다 빨리 움직이는 분자는 보다 진하고 움직임이 느린 구상체를 만드는 분자를 뚫고 지나갈 수가 있다는 이야기가 된다.

영체 속을 거닐고 싶다고 생각하는 영매는 일시적으로, 저승에 속하기 위해서는 자기의 육체 밖으로 나오지 않으면 안된다. 진동을 하강시키는 것은 상승시키는 것보다는 쉬운 일이다.

본질적으로 능력이 낮은 자가 보다 높은 차원의 세계로 올라가는 유일한 방법은, 패를 짜서 노래를 부르는 것에 의하여 '진동을 인공적으로 만든다'든가, 호흡조절 훈련, 방해가 되는 백색광(白色光)의 제거, 완전한 상념의 집중과 같은 보조적인 방법을 강구하는 수밖에 없다. 그렇게 해 보아도 성공하기란 매우 드문 일이다.

일시적이지만, 하다가 끝내지 못한 일이 없다든가, 죽음에 의한 영혼의 분리에 대해 납득할 수 있는 힘이 없는 그런 경우에는 저승에 도착한 영혼은 이승에 곧 송신해야겠다는 생각이 나지 않는 경우도 있다.

이것은 물론, 방금 도착한 신기하고 놀라운 신세계에 압도되거나, 새로운 것을 배우고 보고 하느라고 뒤에 남겨 놓고 온 이승과 접촉하겠다는 기분이 없어지기 때문이다.

이 세계가 적성에 맞지 않거나 부정적인 영혼들은 자기들의 새로운 신분을 따분하게 생각하게 된다. 대다수의 영혼들은, 종교가 단순히 천국이라고만 부르고 있는 곳에 커다란 기쁨을 안고 들어온다. 이런 영혼들 가운데에는 승려나 목사도 포함되어 있다. 다만 이 천국에는 등에 거위의 날개를 달고 금나팔을 불면서 이리 저리 날아다니는 그런 천사란 없다.

천국행과 지옥행의 문을 등지고 열 두명의 사도들에게 둘러쌓여 관을 쓰고 백발을 기른 성 베드로가 새로운 영혼들을 심판하는 일은 없다. 그와 마찬가지로 지옥은 많은 종교적인 설화를 고지식하게 믿는 사람들 눈앞에 그려져 있는 것과 같은 그런 곳은 아니다.

붉은 빛 팬티를 걸친 천덕스러운 녀석이 죄인을 삼지창으로 몰아 세우지도 않고 육체를 지니고 있었던 당시, 타인에게 대해서 범한 잘못때문에 육체에게 고통을 주는 유황불이 부글부글 끓는 골짜기도 없다.

성적 변태에 사로잡혀 있었던 중세의 중놈들이 만든 이런 환상 대신에, 하나 하나의 영혼들의 자기 자신의 과거를 돌이켜 봄으로써 생기는 천국이나 지옥이라면 얼마든지 존재한다.

지난날을 회상하여 자기 자신의 마음으로 자기의 천국이나 지옥을 만들어 내는 것은 사실이기 때문이다.

저승으로 옮겨 올때, 뒤에 남겨 놓고 온 죄가 있다면, 이 죄가 자신에게 가하는 가책이 되어 자기만이 다른 영혼들과는 아무런 관계가 없는 지옥이 생겨난다.

많은 죄업을 짊어진 사람들의 영혼이 자기만의 은밀한 지옥에 빠져서, 그곳에서 도망쳐 나오는 방법을 모른다면, 지옥이라고 하는 구체적인 장소가 존재한다는 환상이 생길지도 모른다. 그러나 그것은 개개인의 발달 정도의 영적인 발전의 결여에 의해 모여지고 서로 끌려서 한데 모인 저마다의 정도에 알맞은 군중들의 모임에 지나지 않는다. 이것이 '저승'이 지닌 일면이라고 볼 수 있다.

천국형 영혼의 집단과 지옥형 영혼의 집단을 구별하는 한계는 뚜렷하지 않다. 생전에 살았던 그대로의 자기 자신을 이끌고 저승으로 옮겨 간다. 따라서 이승에서 평화스럽게 살던 생명체라면 평화스럽고 아름다운 세계가 기다리고 있다는 뜻이 된다.

그러나 양심이 타인에게 비하여 그릇된 짓을 했다는 불안에 사로잡혀 있다면, 이런 감정도 상념 자체가 구상물인 세계에 있어서 직접 느낄 수 있는 실재물임을 알 수가 있다. 따라서 필자가 독자 여러분들에게 줄 수 있는 유일한 위안은 인간은 모름지기 영적 가치가 있는 생활을 보내야만 한다는 것이다. 그렇다고 해서 종교적이며, 신성하고 도덕적인 생활을 하라는 뜻은 아니다.

이웃집 부인이 너무나 예쁜데 견디다 못해 키스를 한 것이 저승으로 간 뒤에 그 사람을 지옥형의 장소로 보낼 정도의 이유는 되지 않는다. 그와 마찬가지로 일요일마다 한번도 빠지지 않고 교회에 나갔다고 해서 그것이 하나님 곁에 앉을 수 있는 자리를 보증해 주는 것도 아니다.

　인간이 만들어 낸 선악의 관념은, 영계에 있어서의 인간의 품격을 결정짓는 자연의 법과 반드시 동등한 것은 아님을 알아야 한다. 그러나 이를테면 다른 사람의 생명을 뺏는 것은 언제나 죄가 된다. 전쟁중의 일이었고 그럴만한 정당한 원인이 있어서 살인을 했더라도 그런 짓을 하면 '저승'에 왔을 때 반드시 후회하게 된다. 이를테면, 어떤 원인에서도 사람을 죽인다는 것은 땅 위에 사는 인간의 목적과 어긋난다는 것을 알 수 있다.

　또한 '이승'과 '저승'의 경계를 넘기 전에 살해당한 자와 당연히 부딪치게 된다. 살해당한 편이 먼저 '저승'에 와 있으니까 당연히 영적인 지식도 앞서 있게 마련이다.

　사람을 죽여도 좋다고, 누가 어떤 원인으로 그렇게 하라고 명령했다고 해도 이것은 이미 필자가 다룰 수 있는 범위 밖의 문제이다.

　필자는 살인을 비난한다. 마땅히 혐오해야 할 일이라고 생각한다. 예외라는 것은 우선 없는 법이니까 예외를 둘 필요도 없는 일이다.

　악인에게 협박당하여, 자기의 생명을 지키기 위하여 상대의 목숨을 빼앗았다면 형사적인 처벌은 면할지는 모른다. 그러나 용서되지는 않는다.

자연의 법은 당신에게 성인이 되라든가, 죽이기 보다는 살해당하라고 요구하고 있는 것은 아니다. 그러나 자연의 법은 상대에게 대해서 상대의 무기를 돌리기 전에, 살인자인 상대로부터 도망치기 위하여 가능한 한 비폭력의 방법으로 최선을 다하라고 요구하고 있는 것이다.

사고사(事故死)는 법적으로 또는 도덕적인 뜻에서도 결과적으로 구원받게 마련이지만 '이승'에서의 잘못을 저질렀다는 죄의식은 아무리 그때의 실제 행위가 무죄였었다 해도 줄곧 따라 붙게 마련인 것이다.

고도로 발달된 영적인 존재로서 우리들은 모든 행위를 신중하게 해야 할 책임과 의무를 지니고 있음을 알아야 한다. 너무나도 자주 부상을 입는다는 것은 무엇인가 사고방식이 그릇된 곳이 있기 때문이라고 할 수 있다.

자연의 법은 과실에 대해서도 속죄시킬 뿐만 아니라 선행에 대해도 보답을 해주게 마련이다. 이것은 상품 수여위원이 월계관을 주는 그런 것을 뜻하는 것이 아니다. 보수는 훨씬 직접적인 것이다.

온갖 비이기적 또는 영적으로 가치 있는 행위나 태도에 대해서는 누구나 옳은 일을 했다는 깊은 감명을 받는다. 이런 은밀한 느낌을 갖는 것 자체가 보수인 것이다. 그러나 '저승'의 상념은 실제물과 같은 뜻을 지닌 것이기에, 이와 같은 감명의 발현은 자동적으로 그 사람을 의식의 높은 수준으로 올려 준다. 이리하여 과거의 행위나 태도에 의하여 그 사람은 발전한다.

여러분이 만일 원한다면 생명의 본질에 대해서 많은 것을 배웠으니까 육체가 없어진 뒤에도 '명예'를 보탤 수가 있다. 향상하는 것과 마찬가지로 퇴보도 항상 가능한 것이다.

법칙은 눈에는 보이지 않지만 작용하고 있고, 항상 존재한다고 생각하면 틀림이 없다. 그 법칙은 적용되는데 있어서 자동적이며, 또한 신속한 것이기에 당신 자신의 행동이 그 법칙을 작용하게 하는 것이다.

궁극적으로 당신 자신을 조정하기에 따라서 저승에서의 운명은 결정되는 것이다.

저승에서의 생활

　당신은 이제 저승에 도착했다. 당신은 먼저 와 있는 영혼들의 환영을 받고, 그들과 잠시 이야기를 주고 받았다. 당신은 새로운 거주지에 안내되어 그곳이 땅 위에서의 당신이 살던 집과 매우 비슷함을 알게 될 것이다.
　그것은 당신이 '이승'에서의 육체생활을 보냈을 때의 경험에서 끌어낸 상념에 의해 만들어진 것이니까 지극히 당연한 일이라고 생각할 수 있다.
　당신이 원한다면 옷을 만드는 것과 똑같은 방법으로 당신 자신이 살 집을 만들 수도 있고, 또는 당신보다 먼저 '저승'으로 온 사랑하는 이가 당신을 위해서 준비한 것일지도 모른다. 어쨌든 당신은 모든 것이 빈틈없이 잘 갖추어진 곳으로 안내된다.
　앞으로 당신의 영혼이 진화를 하게 됨에 따라서 당신이 살고 있는 집안의 구상적(具象的) 요소의 필요성이 적어져 간다. 또한 집안에는 신성(神性)의 간소한 디자인이 장소를 차지하게 될 것이다.

당신의 영혼이 걸치는 옷도 당신의 적당한 주거와 마찬가지로 새로운 세계를 인정하는데 잘 어울리게 비실용적이며 초유행적인 것이 될 것이다.
　보통 '이승'에서 입는 것과 같은 옷 대신에 상념의 세계에서 만들어진 흰바탕의 영의(靈衣)가 될 것이다. 그곳은 충분히 기능적이며, 당신의 요구를 채워 주게 마련이다.
　'저승'에는 도덕상의 공격이 없다. 다만 자기를 조정함에 있어 영적 조정력의 부족이 있을 뿐이며, 그것이 진실로 당신을 향상시켜 주는 것이다.
　'저승'에서의 새로운 생활에 적응하여 시간의 경과를 의식하지 않게 되면, 다음에는 무슨 일이 일어날 것인가 하고 당신은 궁금하게 생각하게 된다.
　시간의 흐름이 없다는 것을 이해하는 것은 처음에는 상당히 어려운 일이다. 그 대신 당신은 자기 자신의 존재를 그때의 상태에 의해 측정하게 된다.
　한마디로 이러 이러한 사람은 이러 이러한 상태에 놓여 있다는 그런 식으로 말이다. 이윽고 당신이 보다 차원높은 생활평면으로 옮겨지면 당신이 바라고 자격이 있다고 인정되었을 경우 다른 시간과 다른 상태가 시작된다.
　당신이 또 다시 시간의 흐름을 느끼게 되는 것은 살아있는 사람과 접촉하기 위해 밀도가 짙은 지상세계로 돌아오게 될 때 뿐이다.
　시간에 대한 개념이 전부 달라지기 때문에 어떤 영혼에 있어서는 이들 교신 중에 문제가 생기는 경우도 있다. 그들이 접촉한 사랑하는 사람에게 앞으로 일어날 일에 대하여 미리 알려 주고 있을 경우에 시간을 설명하는데 난처해지는 경우가 있다는 이야기이다. '저승'인 비구상세계(非具象世界)에는 밤도 낮도 없기 때문이다.

'이승'인 세계의 태양과는 전혀 다른 빛이 '저승'에는 언제나 꽉 차 있다. 수면과 각성의 리듬이 필요한 영혼은 단지 그것을 원하는 것만으로 그런 상태를 일으키게 할 수가 있는 것이다. 사실 여러 가지 면에서 소망이 곧 사실로 되어서 나타난다. 이를테면 다른 누구와 함께 있고 싶다는 소망상념(所望想念)은 곧 당신을 그 누구 곁으로 옮겨 가게 해준다.

'저승'에서는 자기의 자연스럽게 우러나오는 생각을 조절하는 일은 새로 이곳에 도착한 사람에게는 필요불가결한 것이 된다. 아니면 멋대로 하는 생각 때문에 당장 골탕을 먹기 때문이다. 왜냐하면 이곳에서는 무엇이든지 생각만 하면 곧 실현이 되기 때문이다.

조만간에 당신은, 당신이 오게 될 '저승'에서 행해지고 있는 여러 가지 활동에 참여하게 될 것이다. '저승'에서는 아무런 금지 요인이 없기 때문에 누구든지 자기 자신의 야망을 실현시킬 수가 있다. 그 대부분의 야망은 지상생활에서 실현할 수 없었던 것인지도 모른다.

'이승'에서는 열심히 정직하게 노력했음에도 불구하고 성공하지 못해서, 아무도 귀를 기울여 주지 않았던 음악가가, 이제 갑자기 음악 애호가들을 위하여 영계 관현악단을 지휘하고 있는 자기 자신을 발견하게 될 것이다. 만일 그 사람이 한번이라도 창조한 것이 있다면 온갖 것이 '저승'에서도 다시 나타나게 된다. 이 복제물은 거의 완전에 가까우며, '이승'에서 창조한 것보다 더욱 훌륭하다. 이는 물질을 규제하는 법칙이 없기 때문이다.

또한 당신의 일부 인격 속에 오랫동안 마음속으로만 원했던, 편안하게 쉬고 싶다는 욕망을 갖고 있을 때, 이곳에서는 당신이 원하는 곳으로 이끌려서 모든 것을 얻을 수 있게 된다.

또한 '이승'에 사는 사람들에게 '저승'으로 오기 전에 보다 수준이 높은 영적인 지식을 주기 위해서 이루어지는 많은 여러 가지 일이 있다는 것도 발견하게 될 것이다.

만약 당신 자신이 죽은 뒤에도 삶이 계속된다는 사실을 몰랐던 사람이라면 그런 지식을 알려 줄만한 가치가 있는 많은 사람들에게도 되도록 무지를 일깨워 주어야겠다고 당연히 생각하게 된다.

당신이 그들을 도와주면, 당신이 유익한 즉, 영적인 행위를 했다는 것뿐만 아니라 동시에 자동적으로 당신 자신이 보다 높은 '승급'을 하게 된다. 이와 같이 죽은 사람의 대부분은 살아있는 사람들과 연결이 되어 있는 것이다.

그들은 안내자인 경우도 있으며 영매와 힘을 합하여, 또는 직접 살아있는 사람들을 도와서 우주의 영적인 내용을 터득하도록 해서 우호적인 영향을 주고 있기도 하다. 이것은 죽은 사람이 적극적으로 살아있는 사람들의 생활 속에 끼어든다는 뜻은 아니다. 말하자면 저마다의 영혼은 자기 자신을 구제하기 위해 스스로 일하지 않으면 안되게 되어 있어 타인에게 결정권을 맡길 수는 없는 일이기 때문이다.

한편 죽은 자는 살아있는 사람들이 그들의 소리를 듣고 싶어하고 자기들에게 보내지는 생각을 적극 받아들이려고 한다면 암시나 가벼운 주의는 줄 수 있고 또 주기도 한다.

마지막으로 재생에 대한 문제가 있는데, 이 세상의 대부분의 사람들과 심지어는 심령연구가들도 인간이 죽은 뒤에 재생을 하게 되느냐, 하지 않느냐를 결정적으로 못박는다는 것은 매우 부담스럽고 어려운 일로서 모두들 이에 대해 논의하기를 꺼린다. 그러나 이제 종교적, 철학적인 이념과는 별도로 재생의 조직이 존재한다는 사실을 뒷받침해 주는 충분한 과학적인 증거가 있다는 것이다.

필자는 지금까지 이른바 흔히 말하는 신념, 즉 증명이나 증거의 대용품으로서 특정한 개념을 아무런 비판없이 받아들인 적은 없다. 필요한 것은 이안 스티븐슨 박사가 제출한 다음과 같은 제목의 믿을 만한 보고서를 진지하게 연구하는 일이라고 생각한다.

그 보고서란 미국 심령학협회에서 발행한 '전생을 시사하는 20가지 실례'로서, 기회가 있을 때마다 육체 세계로 인간이 다시 돌아온다는 개념을 지지하는 주장이 얼마나 강한 것인가를 잘 알려 주고 있는 글이다.

우주의 지도소(指導素)로서의 카르마를 인도인들은 오랫동안 지녀 왔다. 카르마란 인간이 경험하게 되는 재생(再生)을 지배하는 원인과 결과의 법칙이다. 개인의 영적 성원(成願)과

행위, 태도에 의해 한번의 재생이 이루어지고, 다음 번 재생은 재생된 개인의 육체를 지니고 사는 동안에 영적으로 이룩한 일과 행위, 태도에 따라서, 그리고 세번째 재생은 앞의 경우보다 그 위치가 높아지거나 또는 낮아지게 마련이다.

만일 한번의 재생으로서 어떤 교훈을 배우지 못했다면, 다음번 재생에서라도 그런 순서로 하나의 영혼에게 올바른 자세를 가르쳐 주는데 필요한 만큼의 재생이 거듭되는 것이라는 이야기이다.

카르마의 제도는 전부 합해서 열 두번의 의무로서 재생을 요구하며, 그동안 황도대(黃道帶) 12궁을 통과하게 된다는 것이다.

그런 후에 개인은 선택의 자유가 주어지게 된다. 그는 열반, 즉 거룩하신 주께서 인도하는 고도로 발달된 존재의 세계에서 쉴 수도 있고, 다시 재생을 선택해도 좋다는 것이다.

이와 같은 사람이 몇 번이고 거듭 이 세상에 육체적인 인간으로 태어난다는 것이 정말임을 뜻하는 주장은 많은 과학자들의 관심을 끌고 있다. 또한 인도철학도 사실을 바탕으로 한 것임은 자명한 일이다.

아인슈타인식으로 생각한다면 어떤 법칙이 지배하지 않는 한 자연계에는 아무 일도 일어나지 않을 것이며, 변하지도 않고 존속하는 것도 없다고 보아야 할 것이다.

'저승'을 지배하는 법칙은 표면에 나타난 부분에 중점을 두는 '이승'인 구상세계를 지배하는 법칙과는 다르다는 것을 알아야 한다.

지상세계에서는 자기 자신의 마음에 한정되는 단순한 개인적인 문제로서 생각되는 영적인 지식이나 마음가짐이, '저승'에서는 객관적인 문제이며, 그 결과 자기 자신보다도 타인에 의한 평가를 받게 된다.

영적인 발전이나 마음가짐만이 법칙으로 작용해 하나 하나의 지위에 영향을 끼치는 가치 파단과 눈에 보이는 움직임으로 나타난다는 이야기이다. 의식이 그것을 느끼는 한, 에너지 분자는 그 인물이 창조하는 마음에서 솟아나와 그를 타인과 연결시키는 흐름 속으로 흘러 들어간다.

자연계에 있어서는 영적이든 구상적인 것이든 가릴 것 없이 우연이라든가 완전히 우발적인 것에 근거를 둔 것은 없으며, 일련의 법칙에 의해 지배되는 것이라는 이야기이다. 때로는 잘못이 생긴다. 법칙이 인간에 의하여 그 완전한 적용을 방해받는 것이다.

어떤 법칙을 보아도, 그것이 작용하기 위해서는 두가지 요소가 필요하게 된다. 적용하는 쪽과 적용 당하는 쪽이다. 전자(前者)가 법칙인 것이다. 누구에 의하여, 언제라는 것을 알 수가 없고, 정해진 인간이 관여할 수 없는 조직적인 규칙을 뜻한다. 그러나 법칙은 언제까지나 존재하며 계속 존속하는 것이다.

한편 자연법칙은 인간의 의견이나 영혼과는 관계없이 계속 작용하는데, 후자는 법이 적용하는 상대자이며, 개인 즉 육체 인간이건 영혼이건, 인간임에는 틀림이 없다. 인간이며 영혼을 갖고 있기 때문에 그는 법칙에 대해 저마다의 형태로 반응하게 되는데 때로는 인간은 법칙을 어떻게든 방해하기도 한다. 그것이야말로 법칙이 현재 작용하고 있음을 증명하는 예외적인 사실이다.

이상이 분명히 모순된 출생 전의 기억에 관한 실례, 즉 재생현상(再生現象)이나 전세(前世)에 속하는 기억을 포함한 그 밖의 현상의 손때가 묻은 실제의 예에 대한 필자의 설명이다.

카르마의 법칙이 사람들 모두에게 적용된다면 예외가 있어서는 안될 것으로 생각된다. 어쨌든 카르마의 법칙만이 재생하는 시스템을 설명해 준다. 재생시켜 줌으로써 얻는 것이 없다면, 자연은 어째서 이와같은 시스템을 갖고 있을까.

만일 영의 능력과 개인 능력의 진보가 또 다시 태어난 그 인간의 존재에 의해 더욱 더 발전할 수가 있는 것이라면, 카르마의 법칙 그 자체에 큰 의의가 있다고 할 수 있겠다. 그것은 결코 완벽한 것은 아니지만 출생하기 전의 기억에 관해서 이것을 포함한 그릇된 믿음과 약간의 실례가 있다.

아마도 이것도 일부러 잘못 전해진 것이라고 생각되어진다. 완전한 재생 시스템 가운데에서 분명히 파격에 속한다고 생각되는 것을 조금만 조사해 보아도 우리들을 재생한다는 사실을 인정하고, 이해하는 방향으로 생각이 돌아가게 될 것이다.

아마도 이런 파격적인 사실들은 보다 높은 힘이 일부러 알려 주는 것인지도 모른다. 정부의 중요 기밀이 국민의 반응을 알아보기 위해 높은 쪽에서 일부러 '누설하는' 그런 경우와 비슷한 것같이 필자는 생각하고 있다.

방법론적으로 말한다면, 땅위에서 앞서 살았던 세상의 기억 테이프 레코드는 재생에 의해 또 다른 녹음이 되어도 완전히는 지워지지 않았다는 것을 뜻한다. 특정한 조건이 갖추어지면, 앞서 녹음한 것이 재독(再讀)이 가능해진다.

어떤 경우에는 갑자기 전생의 기억이 꿈속에 나타나기도 한다. 어떤 광경이나 체험이 전생에서 얻은 경험이나 광경과 비슷하게 느껴지는 경우도 있으며, 무엇인가 관련이 있다는 느낌으로 다시 생각되는 경우도 있다. 그러나 이 숨어 있던 지식을 상기시키는 의식의 맨 아랫층에 있는 것에 불을 붙이는 메카니즘은 그것이 완전히 행해지는 것이 당연하다는 지배적인 법칙에게는 단순한 부분품에 지나지 않는다.

사람이 다시금 땅위로 돌아와 다른 존재가 되면, 이번에는 앞서와는 다른 결과를 얻어야겠다고 생각하면서 앞서 재생되었을 때와 똑같은 시행착오를 되풀이 하게 된다.

육체가 죽고 나면, 그는 '저승'인 비구상세계로 되돌아 온다. 그는 새로운 근친과 친구들의 마중을 받게 되며, 앞서 '저승'으로 돌아왔을 때의 일들은 아무것도 기억하고 있지 않다.

여기서도 때로는 예외가 있는데 앞서 존재했던 것을 기억해 내는 경우도 있고, 옛 친구와 다시 만나 그를 알아보는 경우도 있다. 그러나 대부분의 사람들은 전번에 영계에 왔던 일들을 기억하지 못한다. 우주법칙의 입장에서 본다면, 비구상세계인 '저승'이 진짜 세계이며, 구상세계인 '이승'은 일시적인 실존에 지나지 않는다.

죽음은 항상 귀향이며, 탄생은 고향을 떠남을 뜻하고 있다. 비구상세계인 '저승'은 과연 어디에 있는 것일까. 윗쪽인가, 아랫쪽인가? 지구의 안쪽인가, 바깥쪽인가? 구상세계와는 틀리는 속도로 움직이고 있으나 필자가 배운 바에 의하면 방향적으로 보아 '윗쪽'이라고 생각한다.

인간의 영혼이 땅속으로, 또는 아래쪽으로 사라졌다는 보고는 아직 한번도 받아 본 일이 없다. 송신하기 위해 돌아온 영혼들의 대부분이, 이 세상으로 돌아오는 어려움과 땅위로 내려오는 긴 여행을 이야기하고 있다. 그러니까 우리들이 갖고 있는 여행이라는 개념에서 본다면 '저승'은 굉장히 먼 곳에 있는 것이 분명하다.

정신요법을 필요로 하는 사람들에 의해 주장되고 있는 금성인(金星人)이니 화성인(火星人)이니 하는 이상한 개념이 있기는 하지만 지구인 외의 사람들이 '저승'에 살고 있다는 증거는 아직껏 없다.

이쪽 세계로 내려올 때에 죽는 사람의 영혼은 때로는 지상 상념이나 기억 속에 역행하지 않으면 안되는 경우가 있다. 만일 그들 기억이 끔찍한 죽음과 같은 고통에 가득찬 것이라면, 송신의 최초의 부분은 누구에게나 몹시 불유쾌한 것이 될 것은 분명하다.

그들 영혼들은 모든 것을 거꾸로 거슬러 올라가 다시 경험을 하게 되는데, 그들 영혼들은 상념체(想念體)를 볼뿐, 객관적인 실체는 보지 않는다는 것을 알고는 있는데, 그들의 감각은 보통인간 형식으로 반응하여, 한동안 괴로워하게 마련이다.

경험을 많이 쌓은 심령연구가만이 이런 종류의 교신에 관여할 수 있는 것은 바로 이 때문이다. 어설픈 호기심만을 가진 사람들은 영혼과의 접촉을 섣불리 하지 않는 것이 좋다고 생각된다.

저승행 열차시간표

 신체기관을 갖춘 것과 안 갖춘 것을 가릴 것 없이, 또한 인간이 만들어 낸 것까지 포함해서 자연계의 모든 것은 비구상 세계인 '저승'에 어떤 의미에서의 '자기 분신'을 갖고 있는게 아닐까? 물론 갖고 있다. 즉 인간이 어떤 사물에 대해서 '생각'할 수가 있다면 그것은 존재하는 것이기 때문이다.
 사람이 자기가 알고 있던 세계를 재생(再生)시킬 경우, 그는 죽음이 그를 불러 간 새로운 차원에서 그를 둘러싸는 세계의 복제를 창조한다.
 죽은 사람에게서 보내오는 영계 통신의 대부분과 '저승'에 가본 일이 있고, 돌아오지 않으면 안되었던 아주 소수의 사람들은 한결같이 아름다운 시골의 광경, 색채, 한참 무르익은 자연의 풍경을 이야기 하고 있는 것이다.
 '저승'에 있는 모든 것이 '이승'의 것과 똑같았으며, 다만 '저승'의 것이 훨씬 좋고 이를테면 꽃의 경우를 보더라도 한창 핀 꽃과 같이 훨씬 발달해 있는 것 같다.
 병원의 수술대 위에서, 또는 사고로 죽었다가 의사의 기술과 애쓴 보람이 있어서 — 자기보다는 아마 영계에서는 아직 올 것을 기대하지 않았던 때문이리라 — '이승'으로 되돌아 오게 된 사람들이 가장 흥미있는 증언을 하고 있는 것이다.

현대의학에서는 이런 증언들을 '충격 또는 신경마취에 의한 환각'이라는 딱지를 붙여서 일소에 붙이고 말겠지만, 이런 죽음을 체험한 사람들에 의하여 이야기된 보고 온 '저승'의 모습은 모두가 한결같이 똑같으며 세밀한 점까지 이치가 맞는 것이다. 이를테면 수술 도중에 심장이 멎어버린 한 부인은 자기 자신이 공원과 같이 아름다운 풍경 속을 걷고 있는 것을 보았다.

꾸불 꾸불한 길이 막힌 막다른 골목에서, 그녀는 흰 까운을 입은 몇 명의 사람들이 그녀에게 되돌아가라고 손을 흔들면서 큰 소리로,

"아직 올 때가 안되었으니까 돌아가세요!"

하고 소리치는 것을 들었다. 다음에 그녀가 알게 된 것은 자기가 자기의 육체로 돌아와 있다는 것이었다. 외과의가 심장 맞사지를 하고 있었고, 그녀는 '이승'으로 돌아온 것이었다.

죽어 가다가 죽지 못한 사람들의 체험담 속에는 반드시 '되돌아 가라'고 권유받은 이야기가 들어 있는 것이다.

이것과는 대조적으로 자살했을 경우에는 '저승'에 도착하면 반드시 엄격하게 다루어지고 있다. 마치 바람직하지 못한 인물이 적당한 여권도 없이 들어온 것을 취급하는 것과 같이 다루어지는 것이다.

다같이 그들은 정지당하고, 자살이 어리석은 짓임을 깨우쳐

주는 적합강좌(適合講座)와 같은 것을 교육받게 된다. 또한 카르마의 법칙도 자살을 해서는 안되는 것으로 규정짓고 있다.

자살자는 다음 번 재생(再生)에서도 같은 것을 되풀이 하게 된다. 땅 위에서 일단 저지른 행위에서 도망칠 수도 없고, 속일 수도 없는 것이다.

필자의 생각에 의하면, 이상과 같은 일로 미루어 보아서 우리들 한 사람 한 사람의 '저승'에 도착하는 시간을 정한 매우 엄격한 법칙이 있는 것이 아닌가 생각된다. 필자는 누가 그 시간표를 만드는지는 알 수가 없으나 저승행 열차를 타는 시간을 변경시킬 수 없다는 사실은 알고 있다.

어떤 의미에서 이것은 즐거운 일이다. 죽음에 대한 공포를 없애 주기 때문이다. 분명한 것은 정해진 시간의 1초 전에도, 뒤에도 죽을 수는 없다는 것이다.

이러한 생각을 변경시키려고 하는 것은 온갖 생명체를 지배하는 법칙에 대항하는 것과 같은 것이라고 생각한다. 이것도, 사람이 사후생(死後生)의 과학적인 증거를 받아들일 때에 인정하는 중요한 철학적 암시의 하나이다.

인간은 모름지기 구상세계 저 너머에 걸쳐서 펼쳐져 있는 전생명대(前生命帶)에 까지 생각을 넓히지 않으면 안된다. 인간이 육체와 함께 살고 있는 동안에 이룰 수 없는 일이란 뻔한 것이다. 그러나 사람이 죽음과 동시에 생기는 비교적 짧은 이별 뒤에, 또 다시 친지들과 다시 만나게 되는 기쁨은 피할 수 없는 숙명이라는 견해에 대한 보상 정도가 아님을 알아야 한다.

인간이 실제로 행하는 온갖 일에 대해서 동기를 준다. ―

이것도 죽음이 정해진 시각에 찾아온다는 사실에 의한 또 다른 철학적 암시에서 비롯되는 것이다. 연구나 직업 생활에서 기쁨에 이르는 정서 생활에 이르기까지 또 하나의 세계의 문제가 끼어들게 된다. 죽음이 최종역이 아니라면 죽기 전에 해온 일은 그만큼 가치있는 존재라는 계산이 성립된다. 인간이 지닌 도덕성, 여러 가지 생각이 갑자기 중대한 관심의 대상이 되는 것이다.

이들 위대한 진리가 자기 자신에게도 적용이 된다면, 스스로 다시 한번 조사하기 위하여 심령세계를 탐구해 보아야겠다고 생각하게 되는 사람도 있으리라고 생각된다.

심령문제를 연구하는 동안, 그때까지 유물사상(唯物思想)에만 꽉차 있던 머리가, '이승' 저 너머에 있는 인간의 내부에 '무엇인가' 있다는 것을 인정하는 일종의 막연한 종교성의 의식에 의해 상당히 부드럽게 되어 마침내는 인간의 영혼이 지배 요인이 되어 있는 이원론자(二元論者)로 전향하게 되리라고 생각된다.

이런 문제는 모두 옆에 제쳐 놓고, 그것에 대한 조사는 완전히 거부하며, 죽은 뒤에 기다리고 있는 새로운 현실을 맞아서 놀라는 편이 차라리 좋다고 말할 사람도 있을지 모르겠다.

그렇게 함으로써 그 사람은 유일한 유물론적 우주의 '낡은 질서'에 정말 온갖 대답이 갖추어 있는 것일까 하는 스스로의 의문을 표명한데 그치고 마는 것이다.

이 책에 쓰여진 종류의 증거에 대한 조사를 거부함으로써 그들은 자기들이 오히려 발달된 생각들을 하고 있는 줄 알고 있지만, 그들도 결국은 진실이 무엇인가를 배우게 되고야말 것이다.

그대가 저지른 행위는 그대만이 심판할 수가 있는 것이다. 범(犯)한 일은 당신만이 책임을 지게 된다. 일단 행위가 행해진 이상, 그 무거운 짐은 다른 그 누구도 대신 짊어져 줄 수가 없다는 이야기이다.

분명히 사람이 죽은 뒤에도 생명은 영혼의 형태로서 계속 존재한다는 증거에 대해서는 부가적(附加的)인 연구가 행해지지 않으면 안된다고 생각한다. 많은 분야의 학자들을 이 조사에 끌어들여 오지 않으면 안된다.

비록 이미 증거가 실존한다고 해도 새로운 조사가 있어야 되는 것이 마땅한 일이기 때문이다. 이것이 바로 과학적인 방법인 것이며, 사후(死後) 생존의 실례가 이미 증명되어졌다고 하더라도, 별도로 이 이상 같은 노력을 되풀이 할 필요가 없다고 주장하는 일부 심령연구가의 견해를 필자는 찬성하지 않는 터이다.

인간의 본질을 철저하게 밝히는 일에 비하면 그다지 중요하지 않은 분야라 할지라도 많은 지식을 계속 구한다는 것은 항상 필요한 일인 것이다. 그러나 인간은 자기 자신 안에 불멸의 부분을 간직하고 있으며, 육체가 죽은 뒤에도 실제로 가장 생기가 넘치는 삶이 그를 기다리고 있다는 사실을 반복적으로 증명하는 자료를 수집하는 일은 인간에게 있어 다른 과학 분야에 비해 얼마나 중요한 일인가 하는 것이 필자의 생각인 것이다.

제 *9*부
유체이탈과 생명의 구조

유체이탈의 불가사의

 우리는 아직 21세기를 10년도 못 남기고 첨단과학 시대라는 현대에 살고 있지만 아직도 중세적(中世的)인 편협성을 버리지 못하고 있다. 따라서 내가 여기서 말하는 것에 대해 많은 사람들은 선입견을 가지고 있으리라 생각된다.
 이 글은 신비학 연구자들에게 나의 실험에서 얻은 결과를 전하고자 쓴 것이다. 불행히도 많은 신비학자들은 바로 꿈과 같은 것을 '의식적 유체이탈'이라고 주장하고, 또 그렇게 믿고 있다.
 나는 사람들이 의식적 유체이탈이란 것을 믿기 전에 우선 경험을 해 보아야 된다는 사실을 잘 알고 있다. 그래서 만일 내가 그것을 경험하지 않았더라면 나 자신 사실은 그것을 받아들이지 않았을 것이며, 또 그것이 사실임을 몰랐을 것이라는 것을 솔직히 고백하는 것이다.
 이상과 같이 미국의 유명한 심령연구가 헤롤드 셔어먼은 그의 저서 〈육감의 세계〉에서 기술하고 있다. 계속하여 그의 말을 들어보자.

인간에게는 '영체(靈體)'라든가 '유체(幽體)'라는 것이 있는가 하는 문제는 아직 완전한 대답을 얻고 있지 못하다. 그러나 그 존재를 믿고 그러한 흔적이 있었다고 생각하고 있는 저명한 사람들이 사회 각층의 전문적인 분야에서 활동하고 있는 것도 사실이다.

물론 인간은 사후에도 존재한다고 설파하는 종교는, 영혼이 인간의 모습을 잠시 빌리고 있다는 뜻으로, 죽음은 영혼이 또 다른 상대로 들어간다는 것으로 상상하고 있다. 그러나 이런 종파 사람들이 대부분은 증거도 없이 내세를 믿도록 강요받고 있다. 이런 곳에서는 기만이나 사기를 염두에 두지 않으면 안될 경우가 많다.

수상쩍은 영매라든가 마술사에게는, 죽은 사람의 영이 부분적 혹은 전체적인 '물질화 현상'과 함께 목소리까지도 흉내를 내어 겉핥기식의 교령회[交靈會 : 영을 초대는 실험]를 개최하는 것은 그다지 어려운 일이 아니다.

경험이 없는 관람자는 아무리 똑똑한 사람이라도 아마 완전히 속아 넘어갈 것이다. 지금은 가고 없는 애인이나 친구에 관한 정보가 남몰래 수집되어서 교령회 사이에 비밀리에 영매에게 전달되는 일이 흔히 있기 때문이다.

어두운 방에서 목격하는 영혼의 물질화를 믿는 수많은 저명한 남녀의 순진함을 보고 나는 놀랄 뿐이다. 이들은 뇌의 기능이 작용하지 못하도록 차단된 사람들 같다.

이러한 현상이 존재한다고 인정해 버리는 사람들이나, 반대의 증거를 인정하려고 하지 않는 사람들은 한층 더 처치곤

란이다. 영매가 협잡을 행하고 있는 현장을 적발한 사람들에게는 누구에게나 죽일듯이 덤벼들어, 영매가 주장하는 멋있는 솜씨를 변호하기 위해서 사리에도 맞지 않는 구실을 내세우는 일이 많다.

어떤 그럴듯한 증거를 보인 후에, 육체에서 분리한 혼으로 꾸민 심령체[心靈體 : 영매의 몸에서 나오는 가스같은 물질]를 제조하는 역할을 하기 위해 동료의 영매들이 열을 지어 작은 칸막이를 한 암실인 '영혼의 캐비넷'에 출입하고 있는 것을 적외선 영화로 일부러 보여준 일이 있는데, 마음으로부터 굳게 믿고 있는 사람들은 장난치는 악마들이 평판을 나쁘게 하기 위해서 동료 영매로 변장해서 나와 돌아다니는 것이라고 주장했다. 그러나 그러한 진상 폭로가 있었다고 해서 전부의 영매가 사기술을 쓴다거나 혹은 유체이탈[幽體離脫 : 의식적 또는 무의식적으로 육체에서 혼이 빠져 나갔다가 되돌아오는 것을 말함] 혹은 영체가 나타나는 현상이 일어나지 않는다는 뜻이 아니다.

나는 교령회가 개최되고 있는 방의 바깥에 있으면서 증거가 되는 실례를 제시받아 ― 대개는 대낮인데 ― 유령이 보이고, 또 그것이 누구인지 분간할 수도 있으며, 죽은 사람으로부터의 통신까지도 귀에 들려오는 것을 듣고 솔직하게 이야기해서 감탄한 적이 있다.

그런데 유감스럽게도 이들 영혼이 나타나는 현상은, 그것을 관찰해서 면밀한 검토가 가해질 수 있도록 과학자나 초감각적 현상의 연구가 실험실에서 일어날 정도로 명확하지는

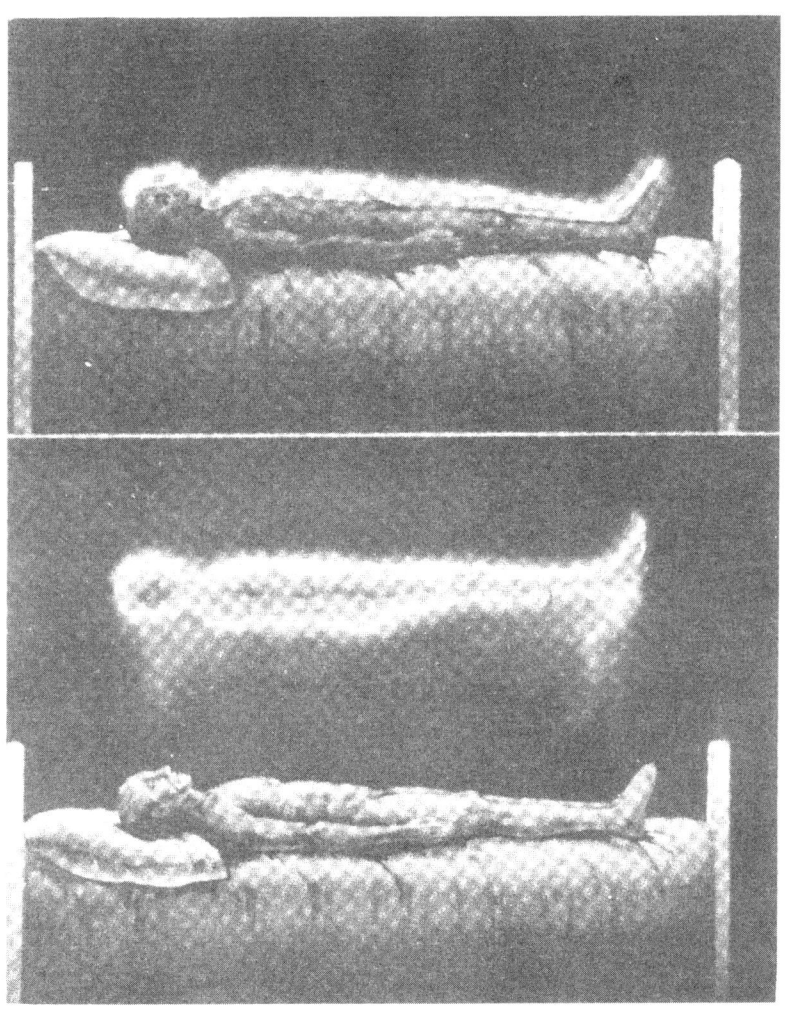

못했다. 그러나 어떤 정신적 혹은 감정적인 동기에 자극을 받으면 언제 어디서나 일어날지도 모른다.

보통 모든 유령을 본 체험 뒤에는 목격자와 나타나 있는 유령과의 사이에는 의식상의 어떤 관계를 나타내는 경우가 많다.

미국이나 해외의 심령연구협회의 정리 카아드에는 이와같은 예의 기록이 몇 장이나 보존되어 있으며, 그 대부분이 훌륭한 증언을 받고 있는 것들이다. 아무리 정직한 회의론자라 할지라도 이 실례들을 조사한 후 그 전부가 착각이나 환각 등 비약된 상상이라고 부인해 버리지는 못할 것이다. 극히 다수의 예가 너무나도 완전한 서류로 증명되어 있으며, 더구나 명확하고 자세하게 설명되어 있어서 그리 간단하게 부정해 버릴 수는 없다.

예를 들면 중병에 걸려 있다든가, 부상중이던가, 임종이 임박했다고 생각하고 있는 사이에 영혼이 육체로부터 이탈하여 이승과 저승 양쪽의 멀리 떨어져 있는 곳까지 가서 가까운 사람을 방문했다고 보고하는 사람의 이야기가 수천 건에 이르고 있다. 몹시 싫은 일이긴 했으나 어쩔 수 없이 육체에 다시 한번 깃들기 위해서 되돌아 왔지만 이러한 체험 결과, 죽음이라는 것을 다시는 두려워하지 않는다고 말한 사람도 많다.

대개의 경우 그런 사람들의 이야기만으로 그 사실을 인정할 수 밖에 없다고는 하지만 이렇게 수많은 사람들이 그런 이야기를 모두 꾸며댔다고 하는 일이 있을 수 있는 일일까? 그 자체가 실제 현상이 아니었다면, 그런 말을 해서 도대체 무슨 덕을 보려고 했단 말인가?

그가 저승에서 돌아왔다

얼마 전 나에게 보내온 이상 체험담을 소개하기로 하겠다. 미국 오클라호마주 휴우고에서 45세된 남자가 죽기 수시간 전에 썼다고 하는 주목할 만한 복사된 편지가 송부되어 왔다.

이 사람의 이름은 그레이트 베일리라고 했다. 폐렴에 걸린 것이 죽음에 이르도록 중병이 되었다는 것이었다.

신앙은 정통파는 아니었고, 이 폐렴에 걸리기 전에는 단 한 번도 별난 체험을 한 일은 없었다. 편지를 받을 사람은 그의 모친이었고, 그의 모친은 그때 켄터키주의 세브리에 있었는데, 그는 다시는 모친을 만날 수 없다는 것을 알고 있었던 것 같다.

― 어머님께!

저는 어젯밤에 저승에서 집에 돌아왔습니다. 2~3일 밖에는 이곳에 머물 수 없습니다. 아침이 되면 떠나려고 합니다. 저는 만족하고 있습니다. 떠나기 전에 여러분을 한번만이라도 뵈었으면 합니다. 그러나 만나 뵐수는 없습니다. 죽음은 두려워 할 것이 아닙니다.

여기에 오는 사람이면 누구나 다 잘 알고 있는 일입니다. 어젯밤에는 두 번이나 여행을 했습니다. 아무리 생각해 보아도 어머님께서도 그곳에 오래 머물고 계실리는 없으므로 기쁘게 생각합니다. 아주 조금만 괴로움을 참으면 만사는 끝납니다. 죽음이 찾아올 때에는 슬퍼하지 말아 주십시오. 우리들은 다만 그것을 모르기 때문에 죽음을 무서워 하는 것입니다.

여러분 중 그 누구에 대해서도 이제는 눈물을 흘리고 싶지는 않습니다. 곧 뵈올 수 있게 될 것입니다. 자, 가시지요! 길을 발견했습니다.

G. 베일리 드림

'자, 가시지요! 길을 발견했습니다!'

곧 죽어 갈 사람이 자기 어머니에게 전달할 말을 남기고 싶어 혼자 있을 때에 이런 내용의 편지를 썼다는 것은 무엇을 뜻하는 것일까?

이것은 정신상으로나 감정적으로도 아무 이상이 없는 사람이 쓴 편지이다. 이 복사 편지의 사본을 보내 준 사람이, 그 편지를 쓴 사람은 켄터키대학 졸업생이라고 가르쳐 주었다. 보통이라면 아마 앞으로 몇십년이라도 더 장수할 수 있는 청년이었다.

지금 죽음에 임하고 있다는 것을 알고 있으면서 '저승'에서 있었던 체험을 입증하기 위하여 이렇게 기록한 것이다.

―어젯밤에 두번이나 여행을 했었습니다… 아침이 되면 떠나려고 생각합니다. …저는 만족하고 있습니다…

이 사람은 편지를 보낸 어머니 말고도 처자와 이별하지 않으면 안되었다. 더구나 이러한 체험을 한 끝에,

'여러분 중 그 누구에 대해서도 이제는 눈물을 흘리고 싶지 않습니다'라고 말할 수 있었던 것이다. 그가 쓴 보기드문 작별의 편지는 이렇게 끝을 맺고 있다.

-곧 뵙게 될 것입니다. 자, 가시지요! 길을 발견했습니다.-
 죽음에 임하려고 하는 사람이 이와 같은 편지를 쓰리라고 감히 누가 상상이나 할 수 있겠는가?
 그가 증거의 예로 내세운 '여행'이란 흔히 육체를 떠나는 체험에 관계가 있는 것으로 생각된다. 그것이 무엇이든 퍽 유혹적이며, 사람으로 하여금 안심하게 만드는 것임은 분명해졌으므로, 죽음의 공포는 완전히 사라지고 가야 될 때가 되면 두려워 말고 자기 뒤를 따르라고 사랑하는 사람들에게 권유까지 하고 있다. 이 경우에 그의 영의 모습이 육체를 떠났다가 되돌아 오는 것을 본 사람은 아무도 없다. 우리들은 이 편지에 씌어 있는 말을 신 앞에서 맹세한 말로 믿을 수 밖에 없다.
 복사된 편지를 두 손으로 쥐고 실제의 필적을 바라보고 또 서명을 보고 있으려니까 거기에 씌어 있는 것이 모두 진실이라는 느낌을 받았다.
 현실적으로 내 자신이 목격한 유체이탈의 증거와 나 자신이 체험한 몇가지의 육체에서 혼이 떠난 이상한 사건과를 비교 대조해서 생각해 보면 그레이트 베일리의 증언을 액면 그대로 인정할 수 밖에 없다.

불가사의한 생명의 구조

 물질적인 경향이 강한 보통 사람에게는 육체 이외의 상태로 생존하고 있는 모습을 그린다는 것은 어려운 일이다.
 '리아 전자공학회사' 사장 윌리엄 리아가 인간의 몸을 전자의 흐름으로 분해하여 빛의 다발로 만들어서 멀리 떨어진 곳으로 보내고, 그 지점에서 몸을 다시 조립할 수 있는 날이 곧 도래할지도 모른다고 예언했을 때 대부분의 사람들은 비웃었다.
 농담을 하고 있다고 생각했던 것이다. 그러나 이제는 과학이 질량(質量)을 에너지로 전환시켰다가 다시 질량으로 되돌릴 수 있다는 것을 증명하고 있다.
 우리들의 눈에 보이는 형태가 있는 것 뿐만 아니라, 그 존재를 전혀 느끼지 못하고, 더구나 우리 자신 속에 있을지도 모르고, 혹은 알지 못하는 사이에 몸을 통해 지나가고 있을지도 모를 높은 진동과 속도를 가진 눈에 보이지 않는 것에 이르기까지 이 방법이 적용될 수 있을 것이다.
 사물은 다만 표면에 나타나 있는 것만이 전부가 아님은 분명하다. 신체를 움직이기 위한 생명, 에너지, 그리고 예지(叡

智)는 눈에 보이지 않는 어떤 힘에 의해서 주어지고 있다.

인체에는 약 천(千)을 9제곱한 수의 원자가 있다고 과학자는 가르치고 있다. 1에 0을 27개 덧붙인 수, 이만한 원자가 몸을 조립하고 있는 것이다. 그것들은 배후에 전기적인 장(場)을 가진 신비스런 자력(磁力)으로 단단하게 맺어져 있다.

하나 하나의 원자는 신체나 정신상의 어떤 장해로 상하지만 않는다면, 마음의 힘에 의해 인간의 유기체 안에서 완전하게 그 구실을 다한다. 그런데도 원자를 보았다는 사람은 한 사람도 없다. 이 사실은 인간이 실제로는 얼마나 실체(實體)가 없는 것인가를 입증하고 있다.

유명한 의학연구가인 원더만 박사는 인간, 짐승, 물고기, 새, 곤충 등 어떠한 형태의 것이든 그것으로부터 생명이 사라져 갈 때에는 이런 현상이 나타난다고 했다. 이것들은 살아있는 한 제각기 그 힘의 장, 즉 생기를 부여해 주는 원소를 갖고 있다. 그러나 중요한 문제는 이렇다.— 죽었을 때 이 힘의 장은 어디로 가는 것일까?

이 일에 대해서는, 그것이 유기체로부터 사라져 간다는 사실만을 증명하는 것이 현재로서는 고작이다. 그러나 과학적인 탐지 능력과 육체적 5감각의 지각력을 초월한 어딘가 다른 차원에서, 그것은 무엇인가 새로운 형태의 것으로 절대적인 힘에 의해서 자력으로 모르고 있지 않다고 누가 말할 수 있겠는가 라고 반문한다.

이것은 물질적인 구성물에 대한 이야기로서, 이른바 유체이탈과 영혼의 형태를 하고 있는 것이 명료하게 제시된다는 것은 물질계라고 불리는 것 위에 참다운 실체가 존재하는 또 다른 세계가 있다는 것을 시사하고 있다.

　이 사실은 지배하는 지성체가 동시에 복수로 나타날 수 있음을 암시하고 있다. 복수존재(複數存在)라고 증명되는 많은 예가 있다.

　그것은 어떤 사람의 육체는 A라는 지점에 있어서 수면상태에 있는데, 그 동일 인물이 동시에 B라는 지점에서도 볼수 있다는 현상이며, 때로는 몇 킬로미터 떨어져 있는 경우도 많다.

　한편의 육체가 입고 있는 것과 똑같은 옷을 영체가 입고 있는 것이 보통이다. 대개 이것이 단순한 심상(心像)의 투사가 아니라는 것은 그 영체가 이야기하는 말소리를 듣기도 하고 때로는 친구나 사랑하는 사람들의 몸에 손을 댄 일이 있는 것 같은 사실에 의해서 증명되고 있다.

　아아더 고드프리는 해군에 근무중인 부친이 배안에서 돌연히 나타나 악수를 하고 헤어졌을 때의 일을 이야기하고 있다. 생각컨대 고드프리의 부친은 대체로 그 시각에 미국에서 이 세상을 떠난 것이다.

　영이 나타난다고 하는 이와 같은 많은 현상의 배후에는 어떤 에너지가 활동하고 있으며, 동시에 실체라고 하는 것이 존재한다.

　나는 누구도 놀라게 할만한 자신의 체험을 생생하게 기억한다. 그것은 최초로 유령을 보았을 때이다.

　그것은 간호원 데이비드 퀸의 유체의 모습이었는데, 그녀는 내가 얼마 동안 배틀크리이크 요양소에 입원하고 있었을 때의 전속 간호원이었다.

　나이는 나보다도 훨씬 위였는데, 그와 친해진 것은 바로 이 입원기간 중이었다. 그가 뛰어난 초감각력을 갖고 있다는 것을 알고 그에 대한 관심은 차츰 더해 갔다.

　나는 퇴원하여 트래버즈시의 자택으로 돌아온 후에도 그녀와 자주 연락을 취하고 있었다.

　나의 생각과 기분, 체험을 놀랄 만큼 정확하게 알고 있는 편지가 꽤 많이 왔다. 얼마 후 나는 제1차대전에 종군했고, 그녀는 요양소를 떠나 유복한 환자와 뉴욕의 카이킬 산맥으로 여행을 떠나 버렸다. 그래서 우리 두 사람의 연락은 끊겼고, 내가 보낸 편지는 '소재불명'이라는 딱지가 붙어서 반송되어 왔다.

　전쟁이 끝나고 나는 고향으로 돌아왔다. 1919년 1월 19일 밤에 나의 생애에서 잊을 수 없는 일련의 체험이 시작되었다.

　나는 새벽 1시경에 눈을 떴는데, 몸이 잠시 마비되어 근육을 조금도 움직일 수가 없었다.

　방은 어둠침침했고, 바로 눈 앞에 있는 물건이 응접실에서 새어 들어오는 야간등 빛으로 희미하게 그 윤곽을 드러내고 있었다. 그래 몹시 보고 싶었다는 얼굴로 내 가까이 오는 것이 데이비드 퀸이 아닌가! 그녀의 입술은 움직이고 있었으나 소리는 나오지 않았다.

　그녀의 모습을 본 나는 몹시 놀라 얼마동안은 몸을 움직일 수 조차 없었다. 무엇인가 박진감 있는 악몽을 꾸고 있는 것이 틀림없다고 생각하고 몸을 움직이려고 노력해 보았다.

몸이 다시 나의 뜻대로 되었고, 자리에서 일어난 순간에 그녀의 모습은 시계(視界)에서 사라져 갔다.

나는 맥이 탁 풀렸고, 데이비드가 어디에 있는지는 모르지만 병에 걸렸거나 그렇지 않으면 무슨 재난을 만나 나를 마음 속에서 움직이려고 했던 것이라고 생각했다.

이것은 오랫동안 소식이 두절되어 있었던 것과, 그에 대한 걱정으로 작용된 새로운 꿈의 체험이라는 결론을 내렸다.

그의 모습이라고 생각되었던 것은 생생한 환영(幻影)이었으며, 이것은 꿈의 일부로서 마음 속에 정말 일어난 것이었다.

그런데 다음날 밤 거의 같은 시각에 똑같은 일이 되풀이 되었다. 그리고 이것은 단순한 꿈이 아니었다. 나의 외부에서 일어나고 있는 일이었다.

침실에는 어떤 유령이 실제로 있으며, 그 유령이 데이비드 퀸이라는 것을 그때 비로소 알았다. 될수 있는대로 마음을 진정시키고, 그녀가 이야기하려고 하는 말을 듣기 위해 귀를 기울였다.

꼼짝도 하지 않는 진지한 표정을 띤 얼굴이 비스듬하게 위에 보였다. 그리고 입술이 전처럼 움직이고 있는 것이 보였는데 소리는 조금도 나지 않았다.

한쪽 손을 그에게 뻗치고 '데이비드! 하고 그의 이름을 불렀다. 그러나 다시 전날 밤과 마찬가지로 그녀의 모습은 차차 사라지기 시작하더니 보이지 않게 되었다.

틀림없이 그녀가 찾아와서 통신을 하려고 노력하고 있다는 생각이 들었다. 나는 몸을 일으켜 전등불을 켜고, 나의 경험으로 그가 병에 걸렸거나 무슨 일이 생겨 곤경에 빠져 있다는 생각이 든다는 뜻을 알리고 연락을 취해 달라고 부탁하는 편지를 썼다.

아침이 되어 나는 내가 밤에 일어났던 이상한 사건을 부모에게 알렸다. 그리고 마지막으로 알고 있던 그녀의 주소로 편지를 보냈다.

또 다시 유령을 만나다

 세번째의 체험을 나는 예상하고 있지 않았었다. 그런데 그것이 일어났다. 나는 잠이 깨어 눈을 떴다. 그러자 평소와 같은 데이비드 퀸이 내 곁에 서 있었다.
 입술이 움직이고 무엇인가 말하려고 애를 쓰고 있었다. 그런데도 말소리는 전혀 들리지 않았다. 나는 두 팔을 뻗치면서 큰 소리로 외쳤다.
 '데이비드! 데이비드!'
 지금도 그 때의 그 광경이 가슴 속에 생생하게 떠오르지만 너무나도 그리운 듯한 표정이었으므로 손을 대려고 한 순간에 그녀의 모습은 방안의 어둠 속으로 빨려 들어가기 시작했다.
 이번에 사라지면 마지막이라는 생각이 들었다. 계속해서 사흘 밤이나 그처럼 애써 연락하려고 한 일이 도대체 무엇이었을까?
 그것을 알아주어야 되겠다는 생각에 정신력으로 그를 자리에 머물게 하려고 했다. 그러나 그의 모습은 차차 엷어지고, 두 번 다시 이 세상에서 만나지 못하리라는 슬픈 느낌이 드는 표정이었다.

　2주일이 지났다. 그녀에게 보냈던 편지가 되돌아 왔다. 그리고 나서 2월의 어느 날 오후 늦게 집에 돌아오자 두통의 편지가 배달되어 있었다. 한 통은 빅터 부죠크로부터의 것이었고, 또 한통은 맥라커양으로 부터의 것이었다.

　두 통의 편지에 똑같이 데이비드 퀸이 1월 21일 밤에 뉴욕시의 브루크린의 롱아일랜드 병원에서 사망했다고 적혀 있었다.

　그는 어떤 환자를 간호하기 위해 동부에 있었는데, 그곳에서 유행성 감기에 걸렸다고 한다. 차차 증세가 악화되면서 폐렴까지도 걸려 3일간 혼수상태에 빠져 있다가 이 세상을 떠났다는 것이었다. 그런데 이 편지를 받아보고 가장 놀란 일은 맥라커양의 편지 내용이었다. 그녀의 편지에는 이렇게 씌여 있었다.

　— 이상한 이야기입니다만 데이비드는 그가 죽기 전의 3일간 매일 밤 계속해서 나의 침대 머리에 나타났습니다. 그가 곤경에 빠져 있어 나에게 호소하고 있다는 것을 알았습니다. 그리고 그가 있는 곳을 알기만 했었던들 곧 달려갔을 텐데요. —

　여기에서 내 자신의 체험을 확인하는 증거가 나왔다. 꿈이 아니었다는 증거가! 몇 킬로미터나 떨어져 있는 배틀크리크에 있는 맥라커와 트래버즈시에 와 있는 내가 똑같은 체험을 한 것이다.

　브루크린과 미시건에 있는 우리들의 위치의 시차를 고려한다면, 데이비드는 1월 21일 아침 일찍 우리들이 계속해서 3일째 밤에 그를 확실히 보았던 바로 그 시간에 숨을 거둔 것이었다.

나 자신에 대해서도 유체이탈의 체험이 1920년의 여름에 처음으로 있었다.

나는 당시 데트로이트시의 포오드 자동차 회사에 근무하고 있었으며, 후생시설의 하나인 테니스 코오트에서 자주 테니스를 치고 있었다.

어느 날 오른쪽 발톱 끝에 물집이 생기고, 그것이 터져 심한 화농증으로 부어올라 절개수술을 받아야만 될 형편이었다.

우리 집 주치의인 가아너 박사의 진료실에서 치료하기로 결정했다. 박사는 시중드는 간호부와 함께 마취약 클로로포름을 주사하기 위해서 치과 의사를 불러 들였다.

몇분 동안은 아무 일도 없었는데, 그후 순간적으로 눈이 아찔하고 빙빙 돌아가는 느낌이 들었다. 나는 간이 콩알만해졌다.

소리를 내려고 했는데, 말조차 할 수 없었고, 몸의 근육 하나 움직일 수가 없었다.

"마취가 걸렸습니다."
라고 하는 의사의 말소리가 들렸다. 그러나 감각은 잃지 않고 있었으며, 아직도 의식이 있다는 것을 알리는 동작을 하든가 소리를 내려고 필사적이었다.

가아너 박사가 메스를 환부에 댄 순간 푹푹 쑤시는 듯한 통증이 전달되어 왔다. 그리고 뇌가 파열할 것 같은 생각이 들고, 곧 실신해 버렸다.

잠시 후 또 하나의 내가 내 육체 위의 공중에 있으면서 진행중인 수술 광경을 들여다 보고 있는 자신을 발견했다.

내 옆에는 동생인 에드워드가 있는 듯한 분위기였는데, 그는 6년 전에 열 한살로 죽었다. 동생은 만나게 되어 정말 반갑다고 말하는 듯한 밝은 표정이었다.

나는 그야말로 진짜 같은 꿈을 꾸고 있는 것이 틀림없다고 생각했다. 그러나 그때 마취를 하고 있던 치과 의사가 몹시 걱정스러운 표정을 짓고 있는 것을 알았다. 간호부는 맥을 짚어 보더니 맥이 전혀 뛰지 않는다고 말하고 있었다.

얼굴에 덮여 있던 시트가 벗겨졌다. 그리고 나를 소생시키려는 조치를 취하기 시작했다. 이 광경을 바라보고 있던 바로 그때 기묘한 이탈감이 나를 엄습하고 눈이 아찔해지면서 전혀 분간할 수 없게 되었다.

그때 에드워드가 내 팔을 잡더니 함께 떠나자고 넌즈시 암시하는 것이었다. 온몸의 털이 곤두서는 느낌이 가슴을 쳤다.

"나는 틀림없이 죽은 것이다!"

에드워드의 손을 뿌리치고 재빨리 떨어지면서 나 자신이 그에게 이렇게 말하는 소리가 들려 왔다.

"싫다, 에드워드! 같이 갈순 없단 말이야. 어머님과 아버님은 이 일에 대해서 아무 것도 모르고 계신다구. 준비도 되어 있지 않을 뿐더러, 더구나 지금 죽을 순 없어!"

이렇게 말을 끝낸 순간 나의 생각은 집에 계시는 부모님에게로 달려 갔고, 동시에 정신을 잃었다. 다음에 정신이 들어 주위를 살펴보니 나는 트래버즈시의 상업지구에 있는 대로를 걷고 있었다.

아버지가 경영하는 신사용 의류품점인 헌터상회를 향해 걸어가고 있었다. 거리에서 몇사람을 만났는데 누구 하나 거들떠 보지도 않았다.

가게에 들어가 아버지가 장부를 기입하는 방으로 곧장 들어가면서 아버지와 공동 출자를 하고 있는 헌터씨가 있는 곳을 지나쳤는데도 그들은 내 존재를 알지 못하고 있었다. 주위의 모든 것이 자연스러웠고 실제 그대로였다.

아버지는 이쪽에 등을 돌리고 눈에 익숙한 자세로 장부에 무엇인가 기입하고 계셨다. 나는 아버지 곁으로 가서 한쪽 손을 아버지 어깨 위에 올려놓고 '아버지!'하고 불러 보았다. 그런데도 아버지는 몸을 움직이지 않았다.

나는 또 한번 똑같은 말을 하고 아버지가 내가 온 것을 알게 되리라고 생각되는 자리에 섰는데도 여전히 반응이 없었다. 여기에 이르러서는 놀라지 않을 수 없었다.

내 몸은 실제의 것이라고 생각하고 있었는데 주위의 사람들에게는 아무런 인상도 주지 않는다.

또 한번 아버지를 불러 보았다. 그러자 아버지는 올려다보시더니 별로 이상하게 생각하는 기색도 없이 의자를 위로 밀쳐놓더니 일어서서 내 곁을 곧장 지나 창가로 가서 그랜드 트래버즈만(灣)의 수면을 내려다 보면서 서 계셨다.

나는 어머니와 웹스터 거리에 있는 우리 집을 생각해 냈다. 그후 또 다시 나는 실신했는데, 정신이 들고 보니 나는 우리 집안에 서 있었고, 곧 어머니가 식사 준비를 하고 계신 부엌을 향해 걸어 갔다.

"어머니, 해롤드입니다. 지금 돌아왔습니다!"

어머니는 뒤돌아 보시더니 무엇인가를 집어 들고 똑바로 나를 향해 오셨다. 그러나 역시 내가 있다는 것을 알지 못했다. 자신은 실제의 몸과는 다른 모습을 하고 있는 것이 틀림없다는 것을 차차 깨닫게 되었다.

어쨌든 자신의 육체로 되돌아 가지 않으면 안되겠다. 이렇게 결심하자마자 급속하게 이동하고 있는 것 같은 마음이 되어 또 한번 의식을 잃었다. 그리고 숨이 차고 괴로워지면서 어디인지 분간할 수 없는 캄캄한 장소에 있었는데, 떠들썩하게 이야기하는 말소리가 들렸다.

차고 젖은 시트가 얼굴 위에 덮여 있고, 누군가가 손목을 주무르고, 또 누군가 다른 사람이 가슴을 누르고 있었다.

나는 신음소리를 냈다. 그리고 가아너 박사의 말소리가 들려 왔다.

"정신이 들었다!"

한 시간이 지나서야 겨우 정신이 들었음을 알게 되었다. 그런데 그 사이에 내가 겪은 일을 자세히 말하자 가아너 박사는 몹시 놀랬다. 즉, 마취약의 분량이 지나쳐서 조금만 더 썼더라면 심장이 멎을 뻔했다는 것, 그리고 소생시키려고 손을 쓰고 있던 광경을 알고 있다고 이야기했던 것이다.

그동안 동생 에드워드를 만났고, 480킬로미터쯤 떨어져 있는 트래버즈시의 부모를 방문했다고 말하자, 박사는 고개를 설레 설레 흔들 뿐이었다.

"수술중의 일을 알고 있고, 의식이 없다고 우리들이 생각하고 있었을 때의 대화까지 들렸으니까, 그밖의 일에 대해서도 거짓말을 하고 있는 것같이 생각되지는 않군요."
하고 가아너 박사가 말했다.

이러한 예기치 못했던 유체이탈의 체험이 있었으므로, 데이비드 퀸의 경우에 대해서도 그때의 그의 상태에 대해서 대충 추측할 수 있었는데 그러나 그와는 아주 중요한 차이가 있었다.

그녀는 자신의 마음의 초감각력을 병원에서 불이 났을 때에 입증했다. 그리고 그 힘을 지배하고 지시할 수 있다는 것에 대해서도 알고 있었으므로, 임종 때에 나와 그의 친구인 맥라커 양에게 자신이 처해 있는 어려운 처지를 알리려고 한 시도도 의식적으로 충분히 생각한 후에 했을 것이다.

그리고 실제로 말소리로는 표현하지 못했다 할지라도 그의 모습의 환영만은 우리들에게 인상지어 줄 수 있었던 것이다. 나의 경우에는 그 어느 것도 하지 못했다.

내가 유체(幽體)가 되었을 때

꽤 시일이 지난 후의 일인데, 아내와 작은 딸 메리와 함께 뉴욕에서 살고 있었을 때 두번째 유체이탈 체험을 했다.

나는 저술가로서 일해 왔으며, 창작에 진척이 없을 때에는 언제나 서재에 있는 간이침대에 눕곤 했다.

어느 날 나는 아파트 문을 열쇠를 넣어 여는 소리를 듣고 튕겨지듯 일어났다. 아내 마아사는 딸 메리를 데리고 시장에 물건을 사러 나가고 집에 없었으며, 산 물건을 가득 안고 돌아온다는 것을 알고 있었다. 그래서 서재에서 급히 나와 문을 열어 주는 것이 습관이 되어 있었다.

그런데 이날은 일어나려던 순간에 몸이 마비되어 있음을 알았다. 그와 동시에 나의 안에 있는 무엇인가가 반응해 온 것을 알았다.

그것은 자기가 서재의 닫혀 있는 문에 소리를 내면서 부딪친 것을 갑자기 알았기 때문이다. 그래서 뒤돌아 보았더니 아직도 나의 육체가 간이침대 위에 큰 대자로 누워 있지 않은가. 이때의 소름이 끼친 느낌은 독자 여러분도 알아주리라고 믿는다. 나는 마중 나가는 일을 그만 두려고 했다. 그러자 의식은 육체로 되돌아 가서 본래의 상태가 되려고 애쓰고 있음을 깨달았다. 계속해서 또 자물쇠를 여는 열쇠 소리가 들려 왔다.

내가 다시 응답하려고 하자, 또 똑같은 일이 일어나는 것이었다. 마음 속에서 타박상이 될 정도로 힘을 짜내어 몸을 서재의 문에 부딪쳤다. 그러자 또 간이침대 위에 멍청히 누워 있는 모습이 보였다.

또 다시 육체로 되돌아 가려는 몰아세우는 듯한 마음에 사로 잡혔는데, 그와 거의 동시에 의식을 잃고 말았다. 그리고 육체 안에서 제 정신이 들어 자유롭게 몸을 지배할 수 있다는 것을 알고서 비로소 안심했다.

마아사가 객실을 지나 이쪽으로 오는 소리와 메리가 앞장서서 서재 옆방에 있는 거실로 뛰어 들어오는 소리가 들렸다.

그 방에 들어 온 딸은 라디오 스위치를 넣고 관현악단의 재즈 음악을 틀었다.

마중 나가려는 생각에 약간 정신이 흐릿하면서도 일어섰다. 마음이 맑아짐에 따라 뒤흔드는 것 같은 실감이 솟아올랐다.

마아사와 메리는 아파트에 없다!

아직 집에 돌아오지 않았다!

라디오는 켜있지 않다!

그런데 이번에야말로 정말 열쇠 구멍에 끼워 놓는 소리가 들려 왔다. 그런데 힘이 빠져 일어날 기력이 없었다.

그때 이미 메리는 객실로 들어오고 있었다. 발소리가 요란스레 들린다. 딱! 하는 소리, 라디오가 켜지고 2, 3분 전에 들었던 것과 같은 관현악단의 연주 방송을 골라 스윗치를 넣는 것이다. 이 광경 전체는 실제로 일어나기 전에 의식 속에서 생기고 있었던 것이다.

지금 있었던 일을 검토해 보니 여러 가지 상태로서 있을 수 있다고 생각되는 일이 머리에 떠오른다. 마아사가 현관에 와 있다는 것을 예고하는 꿈을 꾸었을 때, 나는 육체라기 보다도 오히려 유체가 되어 자고 있었을 것이다.

그런데 아내를 마중 나가려고 하는 충동이 언제나처럼 일어났다. 그러나 육체 대신에 육체와 똑같은 유체가 응했으리라고 생각된다.

유체가 되어 일을 하려다가 일시적으로라도 관계를 끊어버리기가 어려워서 육체로 되돌아가서 다시 한번 문을 열어 주러 나가려고 해보았는데, 또 육체를 떠날 수 밖에 없는 결과가 되었다. 이것은 유체에로의 이동이 완전히 끝나지 않고 있었던 것이 원인이었으리라고 생각된다.

그런데 아직 의식이 중간적인 상태에 있는 사이에 열쇠 구멍에 열쇠를 끼우는 소리가 났으며, 마아사가 들어오고, 메리가 객실을 달려 왔고, 라디오 스윗치가 딱! 소리를 내고 켜졌으며, 저 재즈 음악이 울려 퍼지는 것을 미리 보인 것은 예견적인 꿈의 인상이며, 의식이 확실해짐에 따라 정상적인 시간의 주기(週期)로 되돌아 왔는데, 거기에서는 아직 일련의 사건은 일어나고 있지 않았다.

여기에서 내가 체험한 일련의 사건은 보통의 육체와 유체, 그리고 차원을 달리하는 시간과 관련된 이질적인 마음의 수

준 사이에는 상호간에 얼마만한 밀접한 관계가 있는가를 나타내 보이고 있다.

또한 실체가 수면 중에 육체를 떠나 유체라든가 이른바 영체가 되는 경우가 많은 것을 말해 주고 있다.

내가 서재의 잠겨 있는 문에 방해를 받은 것을 이상하게 생각한 것처럼 아마 독자들도 그렇게 생각하리라고 믿는다. 이것은 닫혀 있는 문으로 빠져 나갈 수가 없고, 저쪽으로 나가기 위해서는 문을 열어 둘 필요가 있다는 상식적인 관념을 마음에 품고 있었기 때문이라고 생각된다.

처음으로 나의 유체가 육체를 떠난 경험을 했을 때, 나는 그다지 제약을 받고 있지 않았다. 그러나 어떤 경우에는 사정이 퍽 달랐다. 나의 육체는 일시적이나마 죽음에 직면하고 있었으며, 필요하다면 실체를 온전히 해방할 수도 있었을는지 모른다.

그런 상태하에서 나는 꽤 자유자재로 이동할 수 있을 것같은 생각이 들었다. 그리고 빠른 속도로 고향에 나를 데리고 갔다가 다시 데리고 온 것이다.

대다수의 사람들은 자기 뜻대로 육체를 벗어날 능력을 갖고 있지 않다. 인도나 티벳트의 고승들에게는 그런 힘이 있다고 전해지고 있는데, 나는 그들의 공개 실험을 본 일이 없으므로 여기서는 내가 잘 알고 있고, 또 면밀한 검토를 가할 수 있는 기회가 있었던 의심할 여지가 없는 체험담의 범위 안에서 그쳐 두기로 하겠다.

무엇이 말기암의 그늘을 살펴낸 것일까?

암과 싸워 이긴 사람들이 만든 책!

스스로 고쳐라

마세 겐이찌/저 황규동/역

너무나 고통스러워 몇번이고 주저앉고 싶었던 나날들, 서서히 다가오는 죽음 앞에서 차라리 빨리 죽을 수 있는 것이 원망스러웠던 나날들……. 하지만 그들은 다시 일어섰다. 아내와 아이들의 따뜻한 사랑과 피눈물나는 의지로 암과 싸워 이긴 것이다.

암과 투병중인 분들이시여! 절대로 포기하지 마세요. 기적은 열려 있는 것이 아닙니다.

【특별부록】
(1) 암은 드디어 정복되는가 (황규동)
(2) 암을 이기기 위한 10가지 키·포인트 (황성주/의학박사)
(3) 나는 이렇게 암을 극복했다 (정창덕/서인내교수)

정가 12,000원

서음출판사

"한번 해병은 영원한 해병"

지옥전선 - 월남전쟁터에서 부른
청룡 용사들의 마지막 노래

실록 청룡부대

李光熙/編著

실종되어 버린
월남전쟁에서 참담
하게 허물어져간 젊은
육체와 영혼들의
이야기!

제1부 전사수기
제2부 전선의 시
제3부 전쟁속의 아웃사이더

바로 이것은 우리들의 이야기이다
삶과 죽음의 수레바퀴속에서 용사들이
쓴 전선의 시와 전선수기 130편 수록!

월남전 전투사진 화보수록

현역, 예비역 단체주문 환영
전국 유명서점 공급중
464쪽/

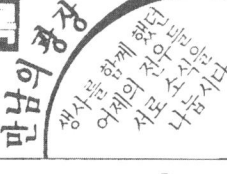

남금하 장정

전우들 함께 했던
어제의 전우 님을
서로 소식을
나눕시다

3대 패밀리

① 1부 전3권 ② 2부 전3권

한국 '밤'의 역사 속에 주먹세계의 커넥션이 있다!!

이 책은 한국 주먹세계의 마지막 계보였던 3대 패밀리와 야인시대에 등장했던 2세대 낭만파 주먹들이 뿜어냈던 광기의 비하인드 실화소설이다.

값 각권 8,500원

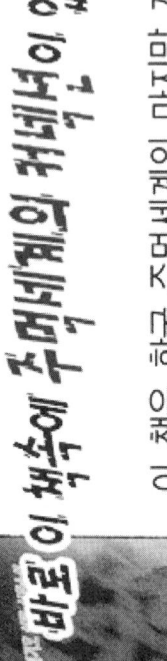

이기후 실명●실화소설

밤의 세계에 뿌리깊게 했던 사나이들의 리얼한 세계!
야인 이후 그들이 온다!

이것이 바로 정치군인들에 의해 무참하게 판매 금지 당했던 문제의 그 소설이다!

— 한 시대의 증언자
정을병 문학의 대표작

한국판 수용소군도, 그 기막힌 이야기들

개새끼들

우리는 그들을 어떻게 심판할 것인가? 상 하

이 작품 〈개새끼들〉은 '개새끼'로서 취급을 받아도 좋을 사람들을 욕하기 위해서 쓰여진 작품이다. 우리 사회에는 언제부터인가 '개새끼' 같은 더러운 짓만을 골라 하는 속물 적 인간들이 너무나 많다. 그들에게는 어떤 체면이나 국가의식 같은 것은 전혀 찾아볼 수 없으며, 다만 철저하게 무장된 몰염치한 근성만을 발견할 수 있을 따름이다.

이 땅에도 소련과 같은 수용소군도가 있었던 사실을 당신은 아십니까? 그것이 바로 악명높았던 국토건설단과 삼청교육대, 반체제 인사들을 강제 연행, 차마 인간으로서는 상상조차 할 수 없는 고통과 공포의 도 가니로 몰아넣었던 인간도살장이다!

총검으로 자신의 부패를 가리며 민중에 대한 대량학살과 반체제 인사들에 대한 대규모 투옥, 안정속의 개혁이라는 간판 밑에 공포속의 침묵만을 강요했던 전두환 정권 — 그 암울했던 극한 상황속에서 그들의 하수인들에 의해 자유가 어떻게 유린되는가를 5인의 술제니친 중 한명이었던 저항작가 정을병에 의해 비로소 파헤쳐진 한국판 수용소군도 그 실체!

이 책을 읽는 순간 당신의 운명이 바뀐다.

영혼과 4차원 세계 전격공개! 전9권 완간

제1권 전생인연의 비밀
제2권 사후세계의 비밀
제3권 심령치료의 기적
제4권 내가 본 저승세계
제5권 영계에서 온 편지
제6권 영혼의 목소리
제7권 전생이야기
제8권 빙의령이야기
제9권 살아있는 조상령들

전국유명서점에서 판매중

편저자 약력

서울에서 출생하여 서울대 문리대 국문과를 졸업. 1951년 경향신문 신춘문예에 「聖火」가 당선되어 문단에 데뷔. 그후 일본에 진출하여 「심령치료」 「심령진단」 「심령문답」등을 저술하여 일본의 심령과학 전문 출판사인 대륙서방에서 간행하여 큰 호응을 얻었으며, 다년간 심령학을 연구함. 그후 「업」 「업장소멸」, 「영혼과 전생이야기」 「인과응보」 「초능력과 영능력개발법」 「최후의 해탈자」 「사후의 세계」 「심령의 세계」등 심령과학시리즈 20여종 저술(서음미디어 간행)

증보판 발행 : 2009년 10월 20일
발행처 : 서음미디어
등　록 : No 7-0851호
서울시 동대문구 신설동 94-60
Tel (02) 2253-5292
Fax (02) 2253-5295

편저자 | 안 동 민
기획/편집 | 이 광 희
발행인 | 이 관 희
본문편집 | 은종기획
표지 일러스트
Juya printing & Design
ISBN 978-89-91896-38-3
홈페이지 www.seoeumbook.com
E. mail　 seoeum@hanmail.net

*이 책은 저작권법에 의해 보호를 받는 저작물이므로
무단 전제나 복제를 금합니다.
ⓒ seoeum